Tim Schalow

Die Relevanz von Interkultureller Kompetenz für deutsche Unternehmen im Ausland
Am Fallbeispiel Japans

Bachelor + Master
Publishing

Schalow, Tim: Die Relevanz von Interkultureller Kompetenz für deutsche Unternehmen
im Ausland: Am Fallbeispiel Japans,
Hamburg, Diplomica Verlag GmbH 2011
Originaltitel der Abschlussarbeit: Die Bedeutung interkultureller Kompetenz für
deutsche Unternehmen in Japan

ISBN: 978-3-86341-070-4
Druck: Bachelor + Master Publishing, ein Imprint der Diplomica® Verlag GmbH,
Hamburg, 2011
Zugl. Rheinische Friedrich-Wilhelms-Universität Bonn, Bonn, Deutschland,
Bachelorarbeit, 2010

Bibliografische Information der Deutschen Nationalbibliothek:
Die Deutsche Nationalbibliothek verzeichnet diese Publikation in der Deutschen
Nationalbibliografie;
detaillierte bibliografische Daten sind im Internet über http://dnb.d-nb.de abrufbar.

Die digitale Ausgabe (eBook-Ausgabe) dieses Titels trägt die ISBN 978-3-86341-570-9
und kann über den Handel oder den Verlag bezogen werden.

Dieses Werk ist urheberrechtlich geschützt. Die dadurch begründeten Rechte,
insbesondere die der Übersetzung, des Nachdrucks, des Vortrags, der Entnahme von
Abbildungen und Tabellen, der Funksendung, der Mikroverfilmung oder der
Vervielfältigung auf anderen Wegen und der Speicherung in Datenverarbeitungsanlagen,
bleiben, auch bei nur auszugsweiser Verwertung, vorbehalten. Eine Vervielfältigung
dieses Werkes oder von Teilen dieses Werkes ist auch im Einzelfall nur in den Grenzen
der gesetzlichen Bestimmungen des Urheberrechtsgesetzes der Bundesrepublik
Deutschland in der jeweils geltenden Fassung zulässig. Sie ist grundsätzlich
vergütungspflichtig. Zuwiderhandlungen unterliegen den Strafbestimmungen des
Urheberrechtes.

Die Wiedergabe von Gebrauchsnamen, Handelsnamen, Warenbezeichnungen usw. in
diesem Werk berechtigt auch ohne besondere Kennzeichnung nicht zu der Annahme,
dass solche Namen im Sinne der Warenzeichen- und Markenschutz-Gesetzgebung als frei
zu betrachten wären und daher von jedermann benutzt werden dürften.

Die Informationen in diesem Werk wurden mit Sorgfalt erarbeitet. Dennoch können
Fehler nicht vollständig ausgeschlossen werden, und die Diplomarbeiten Agentur, die
Autoren oder Übersetzer übernehmen keine juristische Verantwortung oder irgendeine
Haftung für evtl. verbliebene fehlerhafte Angaben und deren Folgen.

© Bachelor + Master Publishing, ein Imprint der Diplomica® Verlag GmbH
http://www.diplom.de, Hamburg 2011
Printed in Germany

Inhaltsverzeichnis

1.	**Einleitung**	**7**
2.	**Interkulturelle Kompetenz und ihre zunehmende Bedeutung**	**11**
2.1.	Definition „interkulturelle Kompetenz"	11
2.2.	Die zunehmende Bedeutung interkultureller Kompetenz	15
2.3.	Folgen mangelnder interkultureller Kompetenz im Japangeschäft	17
3.	**Die Schwierigkeit der Kulturdefinition**	**19**
3.1.	Definition des Kulturbegriffs in der interkulturellen Kommunikationsforschung	19
3.2.	Entstehung einer „Interkultur"	22
3.3.	Definition der „Unternehmenskultur"	24
4.	**Die Darstellung der japanischen Unternehmenskultur**	**27**
4.1.	Stereotypisierung der japanischen Unternehmenskultur	28
4.1.1.	Das japanische Harmoniebedürfnis	29
4.1.2.	Japanischer Kollektivismus	31
4.1.3.	*uchi* und *soto*	32
4.2.	Die fünf kulturellen Dimensionen Geert Hofstedes	33
5.	**Interkulturelle Kompetenz in deutschen Unternehmen**	**39**
5.1.	Erlangen von Interkultureller Japan-Kompetenz	39
5.2.	Interkulturelle Trainings	41
5.3.	Aktueller Zustand in deutschen Unternehmen	44
6.	**Fazit**	**47**
7.	**Quellenverzeichnis**	**51**
8.	**Anhang: Liste japanischer Fremdwörter**	**53**

1. Einleitung

Der Begriff „interkulturelle Kompetenz" ist in den letzten Jahren in Mode gekommen (BOLTEN 2007b: 21). Es ist zu beobachten, dass interkulturelle Kompetenz von deutschen Unternehmen bei Stellenausschreibungen immer mehr gefordert wird (PREUSCHOFF 2003: 11) und durch gezielte Personalentwicklung weiterentwickelt werden soll (SCHEIBLE 2009: 72). Die genaue Definition, sowie die Vorstellungen bezüglich der Aufgaben und Ziele hinsichtlich interkultureller Kompetenz gehen jedoch weit auseinander.

Der allgemeine Konsens scheint zu sein, dass interkulturelle Kompetenz Menschen befähigt, Aufgaben unter fremden Kulturbedingungen und/oder in der Interaktion mit fremdkulturell geprägten Menschen zu bewältigen (ROTHLAUF 1999: 70). Im zunehmend internationaler werdenden Alltag multinationaler Firmen wäre interkulturelle Kompetenz nach dieser Definition daher nicht nur ein Vorteil, sondern eine notwendige Bedingung für effiziente Arbeit. Um in einem interkulturellen Umfeld agieren zu können, müssen Manager in der Lage sein, kulturelle Differenzen zu verstehen und mit ihnen umzugehen (KNOLL 2006: 78). Ferner scheint ausgeprägte interkulturelle Kompetenz im internationalen Geschäft zu Wettbewerbsvorteilen führen zu können. Interkulturelle Missverständnisse sollen so umgangen werden und die Diversität innerhalb des Unternehmens vollständig genützt werden können (MESSING 2003: 95).

Nach diesen vielversprechenden Aussichten scheint es kein Wunder zu sein, dass sich Organisationen immer mehr um die Steigerung der interkulturellen Kompetenz ihrer Mitarbeiter bemühen. Interkulturelle Kompetenz scheint sogar in Gefahr zu geraten, als Generalschlüssel aller interkultureller Interaktionen missverstanden zu werden (RATHJE 2006: 4). Im zweiten Kapitel wird daher zunächst der Diskurs um die Definition des umstrittenen Begriffes „interkulturelle Kompetenz" betrachtet werden. Die zentralen Fragen werden sein: Was genau wird unter dem Begriff „interkultureller Kompetenz" verstanden? Wird sie als generalistische Handlungskompetenz gesehen, oder ist interkulturelle Kompetenz nur kulturspezifisch zu beobachten? Was macht diese Kompetenz schließlich aus? Analysiert sollen dabei besonders die Charaktereigenschaften werden, die für den Erwerb interkultureller Kompetenz als notwendig erachtet werden.

Gerade im Japangeschäft scheint interkulturelle Kompetenz als wichtig bewertet zu sein. Zum einen beschreiben YOSHIMURA und ANDERSSON (1997: 1) die Schwierigkeit mit der japanischen Unternehmenskultur umzugehen. Demnach seien ausländische Manager im Umgang mit Japanern zunächst von deren Freundlichkeit überrascht, spürten aber schnell eine große kulturelle Distanz, die schwer zu überbrücken sei, und deren Überwindung von japanischer Seite aus auch oft nicht unbedingt erwünscht sei (siehe auch KEELEY 2001: 143-145). Dazu kommt, dass Japaner ihre Kultur als für Ausländer nicht zugänglich sähen und somit Schwierigkeit hätten, deren Eigenheiten zufriedenstellend zu erklären. „Being Japanese is something that is experienced, not analyzed" (YOSHIMURA / ANDERSSON 1997: 4) sei eine Grundeinstellung, die interkulturelle Kommunikation mit vielen Japanern schwierig mache. Diese Einstellung lässt sich besonders im *Nihonjinron* nachvollziehen, einem Literaturgenre, dessen Autoren unter anderem die Einzigartigkeit der japanischen Kultur und die oben erwähnte Unzugänglichkeit für Nicht-Japaner hervorheben (YOSHIMURA / ANDERSSON 1997: 5). Auf interkulturelle Konflikte, die auf diese Einstellung und auf das Fehlen ausreichender interkultureller Kompetenz zurückgeführt werden, wird in Kapitel 2.3 eingegangen werden.

Kapitel 3 beschäftigt sich mit der Kulturdefinition des interkulturellen Kompetenzdiskurses. Der Begriff „Kultur" hat im Laufe seiner Geschichte viele verschiedene Definitionen hervorgebracht, deren sich jedes Fachgebiet ihrem Bedürfnis entsprechend auf unterschiedliche Weise bedient (LATORRE 2004: 25-27). Es soll anhand der vorhandenen Fachliteratur gegenübergestellt werden, welcher Definition sich im Diskurs um „Interkulturelle Kompetenz" bedient wird, ob auch innerhalb dieser Fachrichtung diesbezügliche Diskussionen existieren (Kapitel 3.1), und was die Autoren unter „interkulturell" verstehen (Kapitel 3.2).

Des weiteren soll in Kapitel 3.3 die Abgrenzung zwischen Landeskultur und Unternehmenskultur betrachtet werden. Hier wird die Fragestellung sein, inwieweit die Autoren diese Grenze beachten, oder ob noch nicht genügend differenziert wird. Besonders im Fall der japanischen Unternehmenskultur scheint diese Trennung wichtig, aber oft nicht genügend beachtet zu sein. Ein großer Teil der Literatur scheint die japanische Unternehmenskultur immer noch durch Vergleiche mit beispielsweise Japans agrarwirtschaftlicher Vergangenheit oder Institutionen wie der Teezeremonie und dem Zen-Buddhismus analysieren zu wollen. Außerdem scheinen Thesen des *Nihonjinron* auch vor dem Fachgebiet der interkulturellen Kommunikation nicht Halt zu machen (YOSHIMURA / ANDERSON 1997: v-vii)

Die Thesen des *Nihonjinron* gelten als widerlegt, finden jedoch immer wieder den Einzug auch in Fachliteratur. Daraus ist das Bild der japanischen Unternehmenskultur oft verfälscht und voller Missverständnisse und Stereotypisierungen. Vor allem kulturalistisch vorgehende Autoren, die einen Großteil der in dieser Arbeit analysierten Fachliteratur ausmachen, greifen auf Grund von mangelndem Verständnis der jeweiligen Kultur und aus Einfachheitsgründen gerne und unbewusst zu diesen weitverbreiteten Stereotypen. Daher soll in Kapitel 4 das Japanbild der vorhandenen Fachliteratur über interkulturelle Kommunikation untersucht werden. Es soll dadurch geklärt werden, wie die in diesem Fachbereich oft notwendigen Verallgemeinerungen die japanische Unternehmenskultur darstellen und erklären. Diese Ergebnisse sollen kritisch hinterfragt werden und die Frage behandeln, ob sich die Vorgänge innerhalb eines Unternehmens überhaupt aus kulturalistischer Sicht zufriedenstellend beantworten lassen.

Kapitel 5 beschäftigt sich mit dem Erlernen interkultureller Kompetenz. Unterkapitel 5.1 soll sich am Beispiel Japans mit der Frage auseinandersetzen, wie die Fachliteratur das Entstehen einer kulturspezifischen interkulturellen Kompetenz beschreibt. Kapitel 5.2 beschäftigt sich dann mit der Effizienz von Interkulturellen Trainings und Interkulturellen Coachings. Kapitel 5.3 soll schließlich einen Überblick über den aktuellen Zustand der interkulturellen Kompetenz und der Weiterbildungsmaßnahmen deutscher Unternehmen in Japan bieten.

Zusammenfassend lassen sich demnach folgende Leitfragen formulieren: Was wird unter „interkultureller Kompetenz" verstanden und welchen Kulturbegriff bedient sich die Fachliteratur dafür? Am Beispiel der japanischen Unternehmenskultur, wie wird eine spezifische Kultur in der interkulturellen Kommunikationsforschung dargestellt und ist diese Darstellung zufriedenstellend? Welche Auswirkungen hatte der Diskurs für deutsche Unternehmen in Japan bisher und was lässt sich über die Zukunft des Begriffes sagen?
    Die ausgewählte Fachliteratur bezieht sich vor allem auf den deutschen Raum und auf englische Literatur, soweit sie Einfluss auf den deutschsprachigen Diskurs erlangt hat.

2. Interkulturelle Kompetenz und ihre zunehmende Bedeutung

Der Begriff „Interkulturelle Kompetenz ist eine relativ neue Erscheinung und ist daher noch nicht eindeutig definiert. Aktuelle Diskussionen der Fachliteratur beschäftigen sich vor allem mit den folgenden Fragen: Wozu braucht es interkulturelle Kompetenz? Gibt es überhaupt so etwas wie eine generalistische interkulturelle Handlungskompetenz? Wie entsteht interkulturelle Kompetenz? (RATHJE 2006: 2; BOLTEN 2007b: 22)

2.1 Definition „interkulturelle Kompetenz"

Zur Zielsetzung der interkulturellen Kompetenz gibt es laut RATHJE (2006: 3-5) unter den verschiedenen Theorien der Fachliteratur zwei Hauptströmungen. Auf der einen Seite steht der sogenannte *Effizienzansatz*, nach dem interkulturelle Kompetenz dazu genützt wird, interkulturelle Interaktionen ohne interkulturell bedingte Missverständnisse zum gewünschten Abschluss zu bringen. Interkulturelle Kompetenz wird danach für eine optimale Zielerreichung genützt, indem es die handelnde Person versteht, eine für alle involvierte Personen akzeptable Problemlösung zu finden (RATHJE 2006: 3).

Kritiker dieser Modelle sehen diese Definition jedoch als moralisch haftbar. interkulturelle Kompetenz werde demnach zu Manipulationszwecken genützt. Kulturelle Wissensvorteile könne eine Partei dazu verleiten, interkulturelle Missverständnisse zu ihrem Vorteil herbeizuführen, anstatt eine für beide Parteien zufriedenstellende Lösung zu suchen (RATHJE 2006: 4). Darüber hinaus ist ein erzwungener Konsens, der die Wertvorstellungen einer oder beider Parteien verletzt, nicht erwünscht und kann zu mehr Schaden führen, als eine auf dem ersten Blick weniger ergiebige, aber mit den involvierten Denkweisen konformere Problemlösung (BOLTEN 2007b: 79). Rathje selbst hält der Definition vor, durch die Einbringung einer Zieldimension den Begriff der interkulturelle Kompetenz zu überfrachten. Interkulturelle Kompetenz werde demnach als Generalschlüssel für soziale Interaktionen präsentiert und gebe vor Probleme lösen zu können, die auf diese Weise nicht einmal intrakulturell gelöst werden können (RATHJE 2006: 4).

Die zweite, häufig verwendete Definition stellt die persönliche Weiterbildung der interkulturell aktiven Menschen in den Vordergrund (RATHJE 2006: 4). Interkulturelle Kompetenz befähigt die Involvierten nach diesem Modell zu einer persönlichen menschlichen

Weiterentwicklung, die sie aus den Rückschlüssen gelungener interkultureller Interaktionen gewinnen sollen. Diesem Konzept hält RATHJE (2006: 5) im Gegensatz zum Effektivitätsansatz Idealisierung vor, in dem es die Handlungsziele interkultureller Interaktionen außer Betracht setze, sei es nicht realitätsnah genug.

BOLTEN (2007a: 86) sieht die Schwierigkeit der Definition interkultureller Kompetenz darin, dass sie oft als Handlungskompetenz missverstanden wird. Laut seiner Definition bedeutet Interkulturelle Kompetenz dagegen die Fähigkeit, bereits vorhandene Handlungskompetenzen in einen interkulturellen Rahmen transferieren zu können (BOLTEN 2007b: 28). Auch RATHJE (2006: 7) unterstützt dieses Modell. So empfiehlt sie:

> Anstatt in ein Modell interkultureller Kompetenz alle Handlungskompetenzen zu integrieren, bietet es sich eher an, interkulturelle Kompetenz als Voraussetzung dafür anzusehen, dass die Interaktionspartner im interkulturellen Kontext ihre wie auch immer ausgeprägten weiteren Handlungskompetenzen fachlicher, strategischer oder anderer Art überhaupt zur Anwendung kommen lassen können. (RATHJE 2006: 7)

Dies betrifft damit alle Handlungskompetenzen, die auch in intrakulturellen Interaktionen wichtig sind. Somit müssen nicht nur individuelle und soziale Handlungskompetenzen, wie zum Beispiel die persönliche Kommunikations- und Konfliktbewältigungsfähigkeit, sondern auch fachliche und strategische Handlungskompetenzen unter Berücksichtigung der Eigenheiten der involvierten Kulturen in den interkulturellen Rahmen transferiert und gegebenenfalls angepasst werden (BOLTEN 2007b: 28, siehe dazu Abbildung 1). Gerade fachliche Kompetenzen werden im interkulturellen Kontakt oft nicht berücksichtigt. Auch dies kann jedoch zu Verunstimmungen führen, da erfolgreiche Managementpraktiken aus einer bestimmten Unternehmenskultur in einem anderen kulturellen Umfeld ihre Effizienz verlieren und mit den dort vorherrschenden Vorstellungen nicht konform sein können (KEELEY 2001: 17, BRISCOE et al. 2009: 79).

Kompetenzbereich	Allgemeine Handlungskompetenz als Interdepenzverhältnis von:	Interkulturelle Handlungskomeptenz als Interpendenzverhältnis von:
individuell	Belastbarkeit, Lernbereitschaft, Selbstwahrnehmung, Selbststeuerungsfähigkeit, Rollendistanz, Flexibilität, Ambiguitätstoleranz usw.	Dto. Plus Transferfähigkeit auf bestimmte interkulturelle Kontexte, z.B.: Selbststeuerungsfähigkeit in sprachlich fremder Umgebung
sozial	Teamfähigkeit, Konfliktfähigkeit, Kommunikationsfähigkeit, Toleranz, Kritikfähigkeit, Empathie usw.	z.B.: Konfliktfähigkeit in Kontexten, in denen andere Konfliktbewältigungsstrategien üblich sind als im eigenkulturellen Kontext
fachlich	Fachkenntnis im Aufgabenbereich, Kenntnisse der fachlichen / beruflichen Infrastruktur, Fachwissen vermitteln können, Berufserfahrung usw.	z.B.: Fachkenntnisse unter Berücksichtigung anderskultureller Traditionen der Bildungssozialisation vermitteln können
strategisch	Organisations- und Problemlösefähigkeit, Entscheidungsfähigkeit, Wissensmanagement usw.	z.B.: Synergiepotentiale bei kulturell bedingt unterschiedlichen Formen der Zeitplanung erkennen und realisieren können

Abb.1: Interkulturelle Kompetenz als Transferleistung allgemeiner Handlungskompetenzen
Quelle: BOLTEN 2007b: 28.

Ein weiterer Streitpunkt in der Definition des Begriffs „interkulturelle Kompetenz" ist die Grundfrage, ob es überhaupt so etwas wie eine kulturübergreifende Kompetenz geben kann, oder ob interkulturelle Kompetenz nur mit Bezug auf jeweilige Zielkulturen entstehen kann (RATHJE 2006: 5). Das Institut für Interkulturelles Management, einer der größten Privatanbieter für interkulturelle Trainings, definiert eine interkulturell kompetente Person beispielsweise als jemanden, „der die fremde Kultur soweit verstanden hat, dass er die Erwartungen, Verhaltensweisen und Reaktionen ihrer Mitglieder ähnlich gut vorhersehen bzw. nachvollziehen kann, wie die der Mitglieder seiner eigenen Kultur und weiß, wie er sich selbst in bestimmten Situationen verhalten muss, damit seine Absichten auch in seinem Sinne verstanden werden."[1] Nach dieser Definition wird interkulturelle Kompetenz also als ausgeprägtes Wissen der Fremdkultur gesehen, das der interkulturell kompetenten Person ermöglicht, das Verhalten der Mitglieder dieser fremden Kultur vorherzusagen und zu beeinflussen (LATORRE 2004: 26). Solch ein umfassendes Wissen wäre selbstverständlich automatisch kultur-, oder zumindest kulturraumspeziell.

BOLTEN (2007b: 28) führt ferner an, „dass es sich bei `interkultureller Kompetenz' nicht um ein situations- und kulturunabhängig gültiges universales Konzept handeln kann". Dieser Auffassung widerspricht jedoch die Beobachtung, dass manche Menschen generell besser mit Interkulturalität umgehen können als andere (RATHJE 2006: 1). Insbesondere Menschen mit interkultureller Erfahrung scheinen fremde Kontexte besser meistern zu können (RATHJE 2006: 5, HOFSTEDE 2001: XV). Dies liege vor allem am erweiterten

---

1 Quelle: Institut für interkulturelles Management, http://www.ifim.de/faq/index.htm (07.08.2010)

Wissenspool, auf den Menschen mit Fremdheitserfahrung zurückgreifen können. Jede interkulturelle Interaktion erweitere den persönlichen Erfahrungsschatz und ermögliche es dem Handelnden, durch erweiterte Vergleichsmöglichkeiten flexibler auf interkulturelle Unterschiede zu reagieren und sein Handeln entsprechend anzupassen (BOLTEN 2007a: 36). RATHJE (2006: 11) betrachtet interkulturelle Kompetenz daher als kulturübergreifende Kompetenz, die durch kulturspezifische Aspekte erweitert werden kann und werden muss.

Zuletzt bleibt die Frage, an welchen Charaktereigenschaften interkulturelle Kompetenz festgemacht werden kann. Frühe Konzeptualisierungsversuche orientierten sich besonders an den Charaktereigenschaften erfolgreicher Expatriate-Managern (BOLTEN 2007b: 22). Heute finde man laut RATHJE (2006: 1) größtenteils Listen- oder Strukturmodelle. Listenmodelle listen verschiedene Teilkompetenzen, die wichtig zur Entwicklung interkultureller Kompetenz sind, auf, ohne dabei die Interdependenzen zwischen den einzelnen Kompetenzen zu beachten. Typische Nennungen sind dabei Empathie, Offenheit, Respekt für andere Kulturen und Anpassungsfähigkeit (BOLTEN 2007b: 22).

Strukturmodelle gehen dagegen systemisch-prozessual vor und sehen diese Kompetenzen als Einzelfähigkeiten in bestimmten Dimensionen (RATHJE 2006: 1). BOLTEN (2007b: 23) stellt ein solches Strukturmodell vor, das in affektive, kognitive und konative (verhaltensbezogene) Bedingungen unterteilt. In dieses Modell lassen sich die geforderten Fähigkeiten folgendermaßen einordnen (BOLTEN 2007a: 112-114, BOLTEN 2007b: 23, MESSING 2003: 83):

- Affektion: Polyzentrismus, Unvoreingenommenheit, Offenheit, Empathie, Kulturelle Lernbereitschaft
- Kognition: Kulturelles Bewusstsein, Self Awareness, Selbstbewusstsein, Realistische Erwartungen
- Konation: Respekt, Flexibilität, Sprachfertigkeit, Kommunikationsfähigkeit, Ambiguitätstoleranz

All dieses Schlüsselqualifikationen müssten ganzheitlich-integrativ vermittelt werden und stellen die Grundvoraussetzungen zur effektiven Transferleistung allgemeiner Handlungskompetenzen in einen interkulturellen Rahmen dar (BOLTEN 2007a: 112).

Zusammenfassend ist also zu sagen, dass nach diesem Modell interkulturelle Kompetenz eine Synergie von verschiedenen sozialen und individuellen Schlüsselkompetenzen erfordert. Diese Synergie ermöglicht es interkulturell handelnden Individuen durch gesammelte und reflektierte Erfahrungen in interkulturellen Interaktionen ihre wie auch immer stark ausgeprägten allgemeinen Handlungskompetenzen auf einen interkulturellen Rahmen zu übertragen. Dabei müssen die jeweiligen Eigenheiten der Fremdkultur berücksichtigt werden. Die kulturübergreifende interkulturelle Kompetenz gibt somit die nötigen Fähigkeiten, die Besonderheiten einer fremden Kultur zu Erkennen und mit diesen umzugehen. Sie setzt damit die Voraussetzungen für eine erweiterte kulturspezifische Kompetenz. Die Charakteristika der japanischen Unternehmenskultur werden daher in Kapitel 4 untersucht werden.

2.2 Die zunehmende Bedeutung interkultureller Kompetenz

Das Thema „Interkulturelle Kompetenz" ist in Deutschland im Vergleich zum englischsprachigen Raum noch relativ neu (KNOLL 2006: 86). So hat sich die Anzahl der deutschsprachigen Google-Einträge zum Thema „Interkulturelle Kompetenz" von 58 im Jahre 1999 bis Anfang 2001 verdreißigfacht (BOLTEN 2007a: 5). Heute kann man bereits fast 400.000 Einträge finden (Zugriff: 4. August 2010).

Interkulturelle Kompetenz ist zu einer festen Schlüsselqualifikation für multinationale Unternehmen im internationalen Geschäft geworden. Durch die international immer vernetztere Unternehmensstrukturen ist die Überbrückung kultureller Unterschiede alltäglich geworden, scheint jedoch immer noch eine der wichtigsten und schwierigsten Herausforderungen darzustellen (BRISCOE et al. 2009: 76-78).

Trotz dieser Herausforderung ist die Globalisierung aus wirtschaftlicher Sicht als sinnvoll zu beurteilen. So lassen sich erhebliche Skalen- und Synergieeffekte erschaffen, die zu deutlichen Wettbewerbsvorteilen führen können. Die so entstehende Unternehmensstruktur erfordert jedoch viel vertikale Koordination und eine enge Abstimmung zwischen der Unternehmensführung und den regionalen Sitzen. Dadurch kommt es vermehrt zu kultureller Reibung, die ohne ausreichend vorhandener interkultureller Kompetenz viel Zeit und Aufwand erfordert. Interkulturelle Kompetenz werde daher aus Unternehmenssicht zunächst zu einem Werkzeug der Zeitreduzierung und der reibungsloserern internen Kommunikation (SCHEIBLE 2009: 79).

Man kann also sagen, dass die Globalisierung Unternehmen mit einer zunehmenden kulturellen Vielfalt konfrontiert. Dies betrifft zum einen die Absatz- und Beschaffungsmärkte, zum anderen die interne Mitarbeiterstruktur (ARETZ / HANSEN 2003: 10). Multinationale Unternehmen erkennen mittlerweile die Vorteile dieser kulturellen Vielfalt. Die Herangehensweisen an diesen als Diversity Management bekannt gewordenen Umgang mit kultureller Diversität sind jedoch sehr unterschiedlich. ARETZ und HANSEN kategorisieren sie in drei Ansätze. Der *Fairness & Discrimination Approach* geht von der gesellschaftlich und betriebsinternen Forderung nach Gleichbehandlung aus und versucht daher durch sein Diversity Management vor allem eine angenehme und vorurteilfreie Unternehmenskultur zu schaffen. Dabei ignoriert der Ansatz jedoch die Möglichkeiten, die sich aus der aktiven Nutzung kultureller Diversität ergeben könnten und übt gleichzeitig einen nicht förderlichen Assimilationsdruck aus. Der *Access & Legitimacy Approach* will kulturelle Vielfalt dagegen zum besseren Zugang zu fremdkulturellen Märkten nützen, steht aber wegen seiner Funktionalisierung und Stereotypisierung der fremdkulturellen Mitarbeiter unter Kritik. Der *Learning & Effectiveness Approach* schließlich interpretiert Diversity Management als ganzheitliches organisationales Lernen. Er fordert die Internalisierung von Diversität zur aktiven und nutzenbringenden Einbringung kultureller Vielfalt und den daraus entstehenden neuen Sichtweisen. Dieser Ansatz wird zwar als von allen drei vorgestellten Ansätzen als am anspruchsvollsten beurteilt, es wird jedoch bemängelt, dass er sich zu sehr auf betriebliche Arbeitsprozesse konzentriert und andere wichtige Dimensionen (wie etwa die Unternehmenskultur) vernachlässigt. Alle Ansätze haben also ihre Vorteile und Nachteile, weshalb ein systemtheoretischer Ansatz gefordert wird (ARETZ / HANSEN 2003: 16-18).

Einen solchen Ansatz bietet das Modell der „kulturellen Synergie" von ADLER und GUNDERSEN (2008: 109-111). ADLER und GUNDERSEN bezeichnen den bisherigen Umgang mit Diversität in den meisten Unternehmen als entweder „kulturell blind", oder „ethnozentristisch". Der Zustand „kulturell blind" ähnelt dabei dem *Fairness & Discrimination Approach* (siehe oben), indem Diversität aus Angst vor Diskrimination ausgeklammert wird. Vorteile werden dadurch nicht genutzt und interkulturelle Konflikte auf andere und damit oft falsche Ursachen zurückgeführt. Eine „ethnozentristische" Haltung erkennt dagegen die Probleme, die aus interkultureller Reibung entstehen können und beurteilt Diversität aus diesem Grund als hinderlich, ohne die Vorteile kultureller Vielfalt zu erkennen. Die „kulturelle Synergie" beschreibt daher eine Unternehmenskultur, die die Vorteile kultureller Diversität erkennt und gleichzeitig deren Konfliktpotentiale frühzeitig erkennt und vermeidet. Mithilfe eines effizienten Diversity Managements lassen sich also die Vorteile kultureller Vielfalt bei gleichzeitiger Vermeidung von interkulturellen Missverständnissen effektiv nützen. Dafür benötige es jedoch ausgeprägte interkulturelle Kompetenz des handelnden Managements (MESSING 2003: 95).

2.3 Folgen mangelnder Interkultureller Kompetenz im Japangeschäft

Die japanische (Unternehmens-)Kultur ist durch ihre (tatsächlich oder gefühlt) großen Unterschieden zu westlichen Unternehmenskulturen ein beliebtes Vergleichsobjekt der interkulturellen Wirtschaftskommunikationsforschung (vgl. z.B. ROTHLAUF 1999: 264-302, BOLTEN 2007: 68). Moosmüller begründet die Wichtigkeit eines erfolgreichen Umgangs mit deutsch-japanischen Kulturunterschieden für Auslandsentsendungen beispielsweise folgendermaßen: „Je größer die kulturelle Distanz zwischen Entsendungs- und Zielland, desto wichtiger ist dieser Faktor" (MOOSMÜLLER 2003: 203). Auch YOSHIMURA und ANDERSON (1997: 1) beschreiben die japanische Unternehmenskultur als besonders fremdlich und schwer zugänglich.

Bei der Analyse der dadurch entstehenden interkulturellen Konflikte wird größtenteils kulturalistisch vorgegangen. Probleme werden oft nur auf kultureller Ebene gesehen und auf ein Mangel an interkultureller Kompetenz der (deutschen) Manager zurückgeführt. MOOSMÜLLER (2003: 206) erkennt darüber hinaus noch andere Gründe für potentielle Konflikte. So führt er zum Beispiel die unterschiedliche Stellung der japanischen und deutschen Manager in deutschen Tochtergesellschaften an. Deutsche Expatriates beziehen zum einen deutlich höhere Gehälter und haben mehr Urlaub als ihre japanischen Kollegen, und erhalten zudem noch weitere Vorteile, wie etwa ein größeres Haus in einer besseren Wohngegend. Außerdem wird der Einfluss der deutschen Diaspora in Japan erwähnt, zu dem die meisten Expatriates zumindest unbewusst einen prägenden Kontakt halten. Darüber hinaus muss der Rollenunterschied zwischen Deutschen und Japanern in deutschen Unternehmen in Japan beachtet werden. Auslandseinsätze sind meist auf ein paar Jahre begrenzt und werden daher als dem Stammhaus zugehörig gesehen. Sie dringen in eine eingespielte Abteilung ein und verlangen unbedingte Loyalität bei grundlegenden Veränderungen der vorherrschenden Zustände (MOOSMÜLLER 2003: 204-206). Ein weiteres wichtiges Kommunikationsproblem lässt sich auf die oft ungenügenden Englischkenntnisse der Japaner und auf die fehlenden Japanischkenntnisse ausländischer Manager zurückführen (KEELEY 2001: 143).

Trotz der Wahrnehmung all dieser Kommunikationshindernisse werden sie in der Diskussion um interkulturelle Kompetenz kaum beachtet. MOOSMÜLLER (2003: 206-207) sieht zum Beispiel die Ursachen der sogenannten „follow-escape Strategie"[2] im Kollektivismus der Japaner, die aus seiner Sicht nur das Wohlergehen der Firma im Sinn hätten und sich nicht mit den karriereorientierten, egoistischen Deutschen identifizieren könnten. In Kapitel 4 wird genauer auf diese Betrachtungsweise der japanischen Unternehmenskultur und der sich dadurch ergebenen Notwendigkeit von interkultureller Kompetenz eingegangen werden.

Ein weiterer auffälliger Punkt ist die Beschränkung der Steigerung von interkultureller Kompetenz auf die deutsche (bzw. westliche) Seite. Dies lässt sich einerseits sicher durch die Zielgruppe der hier analysierten Texte (d.h. deutsche Manager und Trainer) erklären, zum anderen wird Japanern jedoch auf gewisse Weise die Fähigkeit zur interkulturellen Kompetenz abgesprochen. Japaner hielten ihre Kultur für so homogen und einzigartig, dass es ihnen schwer falle, mit Interkulturalität umzugehen (MOOSMÜLLER 2000a: 91-92).

MESSING begründet die Notwendigkeit von interkultureller Kompetenz hingegen mit dem schlechten Image der ausländischen Firmen in Japan (*gaishikei kigyō*), das er auf einen Mangel an interkultureller Kompetenz ausländischer Manager zurückführt (MESSING 2003: 72-73). Das so entstandene, festgefahrene Bild der *gaishikei kigyō* führe dazu, dass sich Absolventen eher für traditionelle, japanische Arbeitgeber entscheiden und deutsche Firmen so Schwierigkeiten in der Rekrutierung bekämen (MESSING 2003: 41-46).

---

2 Die „follow-escape Stategie" ist laut Moosmüller eine Strategie japanischer Mitarbeiter, ein Projekt durch das Einbauen erfundener Risikofaktoren zu blockieren.

3. Die Schwierigkeit der Kulturdefinition

Der Begriff „Kultur" ist etymologisch vielfältig und hat daher auch heute noch viele, teilweise erheblich unterschiedliche Bedeutungen (BOLTEN 2007: 10). Auch in der interkulturellen Kommunikationsforschung ist die Definition nicht genau geklärt und verursacht immer wieder Missverständnisse. LATORRE (2004: 25) wirft Interkulturalisten vor, sie bedienten sich „willkürlich" eines für ihre Zwecke dienlichen Kulturbegriffes.

3.1 Definition des Kulturbegriffs in der interkulturellen Kommunikationsforschung

In der Fachliteratur scheint Einigkeit darüber zu herrschen, dass es „den" einen allgemeinen Kulturbegriff nicht gibt (BOLTEN 2007a: 10). Etymologisch wird dies durch die verschiedenen Wege, über die das Wort „Kultur" in die deutsche Sprache übergegangen ist, erklärt. Abgeleitet von dem lateinischen Verb *colere* und dem späteren französischen Verb *cultiver* ist der Wortstamm „kult-" heute mit verschiedenen Bedeutungen belegt, die BOLTEN (2007a: 11) in vier Gruppen teilt: 1. (be-)wohnen, ansässig sein; 2. bebauen, Ackerbau betreiben; 3. pflegen, schmücken, ausbilden, wahren, veredeln; und 4. verehren, anbeten, feiern.

Während die ersten beiden Bedeutungsgruppen einen weiten Bereich abstecken, bezeichnen 3. und 4. Dinge, die mit Kunst und Religion in Verbindung stehen. Aus diesen Bedeutungsgruppen, von denen sich unter anderem der Begriff „Kultiviertheit" ableitet, geht der „enge Kulturbegriff" hervor. Dieser wurde vor allem durch Immanuel Kant und Oswald Spengler geprägt und besitzt eine wertende Bedeutung. In diesem Sinne wird „Kultur" immer als etwas Entwickeltes und Positives bewertet und grenzt sich daher von „weniger entwickelten" Kulturen ab (BOLTEN 2007a: 12).

Der dem „engen Kulturbegriff" widersprechende „erweiterte Kulturbegriff" kam erst in den 1960er Jahren auf und leitet Kultur aus den ersten beiden Bedeutungsgruppen ab. Der „erweiterte Kulturbegriff" ist *lebensweltlich orientiert*, das heißt er bezeichnet alle Lebensäußerungen, wie Religion, Ethik, Technik, Bildung. Kultur ist nach dieser Definition alles, wodurch sich eine Gesellschaft auszeichnet: eine „Gesellschaft *hat* keine Kultur, sondern *ist* Kultur" (BOLTEN 2007a: 14). Diese Definition hat sich laut Bolten durchgesetzt und wird auch im Bereich der Interkulturellen Kommunikationsforschung weitgehendst angewendet (BOLTEN 2007a: 11-14).

Der Kulturwissenschaftler Geert Hofstede prägte eine Definition von Kultur, die neben den Arbeiten von Edward T. Hall die Grundlage für viele kulturalistische Forschungen bilden (MOOSMÜLLER 2000b: 16). Hofstede geht davon aus, dass das Verhalten eines Menschens allein durch die Situation und durch das „mental progamming" jedes Einzelnen geprägt wird (HOFSTEDE 2001: 1-2). Dieses „mental programming" besteht nach Hofstede aus drei Ebenen: der universellen, der kollektiven, sowie der individuellen (HOFSTEDE 2001: 2-4). Die universelle Ebene ist genetisch bestimmt, bezeichnet die natürlichen Verhaltensmuster des Menschen und ist in jedem Menschen, unabhängig seiner Herkunft verankert. Die individuelle Ebene ist dagegen von Mensch zu Mensch verschieden und macht daher, wie der Name schon sagt, die Besonderheiten eines Individuums aus. Die kollektive Ebene ist schließlich die Ebene des „mental programmings", mit der sich Kulturwissenschaftler beschaffen. Sie wird durch die Verhaltensmuster der Gesellschaft angelernt und bezeichnet das Verhalten, das Menschen einer gleichen Gruppe gleich ist. Aus diesem Gedanken heraus definiert Hofstede den Begriff „Kultur": Kultur sei ein „collective programming of the mind, that distinguishes the members of one group or category of people from another" (HOFSTEDE 2001: 9).

Um eine Kultur zu verstehen, muss nach Hofstede deren Ursprünge und deren geschichtlicher Hintergrund verstanden werden. Eine nationale Kultur entspringe immer ihren ursprünglichen Gegebenheiten, wie ökologischen und demographischen Faktoren und werde durch deren Veränderungen und durch technologischen Fortschritt geprägt. Aus diesen Gegebenheiten bildete sich daraufhin ein Wertesystem heraus, das die gesellschaftliche Struktur, und damit die Kultur einer Gesellschaft bestimmt (HOFSTEDE 2001: 11-12). Eine Kultur ist laut Hofstede stabil und statisch, da sie mindestens 500 bis 5000 Jahre zur Entstehung brauche (HOFSTEDE 2001: 3-4, 34).

Hier stehen sich also das dynamische, von individuellen, sich verändernden Lebensräumen geprägte Kulturmodell von Bolten und das auf statische Nationalkulturen bedachte Modell von Hofstede entgegen.
    LATORRE (2004: 26-27) fügt in ihrer Analyse der in der interkulturellen Kommunikationsforschung verwendeten Kulturbegriffe zu diesen zwei Kulturverständnissen noch drei weitere hinzu:

        1. Das Verständnis der Kultur als *Landkarte von Bedeutungen*, nachdem sich eine Kultur durch ein spezifisches und gemeinsames verhaltensbestimmendes

Deutungsmuster der Welt auszeichnet.
2. Das Verständnis der Kultur als *Komponente von Exklusionsmechanismen*, laut dem der Begriff „Kultur" historisch und politisch zur Ausgrenzung und Diskriminierung instrumentalisiert wird.
3. Die Meinung, Kultur sei eine *nichtanalytische Kategorie*.

Latorre kritisiert die willkürliche Anwendung dieser fünf durchweg verschiedenen Verständnis-ansätze im Bereich der interkulturellen Kommunikationsforschung. Sie erklärt dies einerseits durch die verschiedenen Anwendungsbereiche und -ziele, bemängelt jedoch auch, „dass sogar in ähnlichen Arbeitsfeldern unterschiedliche Kulturbegriffe eingesetzt werden können" (LATORRE 2004: 27).

LATORRE kritisiert die willkürliche Anwendung dieser fünf durchweg verschiedenen Verständnisansätze im Bereich der interkulturellen Kommunikationsforschung. Sie erklärt dies einerseits durch die verschiedenen Anwendungsbereiche und -ziele, bemängelt jedoch auch, „dass sogar in ähnlichen Arbeitsfeldern unterschiedliche Kulturbegriffe eingesetzt werden können" (LATORRE 2004: 27).

Auch RATHJE (2006: 9-10) teilt den Diskurs um den Kulturbegriff in zwei grundlegende Verständnisse ein: Auf der einen Seite steht die *Kohärenzorientierung*, nach der die Kultur ihre Mitglieder eine und aus den Gemeinsamkeiten ihrer Mitglieder entstehe. Dieser Orientierung lässt sich das Modell von HOFSTEDE zurechnen. RATHJE bemängelt an diesem Modell die Vereinfachung, gerade in der heutigen globalisierten Gesellschaft sei der Begriff nicht differenziert genug (RATHJE 2006: 10). Die *Differenzorientierung* hingegen, zu der das oben vorgestellte Modell von BOLTEN gelten muss, sieht eine Kultur als nicht homogen. Diese Orientierung hält RATHJE wiederrum für zu generalistisch (RATHJE 2006: 10-11). Sie lasse außer Acht, dass sich Interaktionspartner in interkulturellen Situationen in den meisten Fällen automatisch als Zugehörige einer bestimmten Kultur abgrenzen. So achtet beispielsweise ein Deutscher in der Interaktion mit einem japanischen Geschäftspartner (bewusst oder unbewusst) auf Verhaltensmuster, die von der für ihn „normalen" (durch die deutsche Unternehmenskultur geprägte) Norm abweichen (vgl. RATHJE 2006: 13). Jeder Mensch ist daher auf irgendeine Weise durch seine Nationalkultur geprägt. Auch wenn er die Werte und Verhaltensmuster dieser Kultur ablehnt, wurde er doch sein Leben lang mit ihr konfrontiert, musste sich damit auseinandersetzen und wurde dadurch (wie auch immer) von ihr geprägt (RATHJE 2006: 12).

Auch MOOSMÜLLER (2000b: 20) räumt ein, dass das Bild einer statischen Kultur unter

Ethnologen als überholt gilt. Im Falle von Interaktionen auf Unternehmensebene verteidigt er die Generalisierung von Nationalkulturen jedoch. Im Gegensatz zu kulturellen Differenzen in multikulturellen Gesellschaften, die seiner Meinung nach konstruiert sind und der Abgrenzung dienen, sei die kulturelle Vielfalt in multinationalen Unternehmen gegeben und teilweise nicht bewusst. Ihre Betrachtung diene daher nur der besseren Verständigung zwischen den verschiedenen Kulturen innerhalb eines Unternehmens (MOOSMÜLLER 2000b: 28).

Zusammenfassend lässt sich also sagen, dass der Kulturbegriff in der interkulturellen Kommunikationsforschung umstritten ist. Besonders um die Frage, ob Kultur als statische Nationalkultur, oder als individuelle, dynamische Lebensraumeinflüsse gesehen werden soll, herrscht große Uneinigkeit. Zudem kritisiert LATORRE (2004: 30), dass Interkulturalisten neue Erkenntnisse aus Anthropologie und aus anderen Kultur- und Kommunikationswissenschaften weitgehendst ignorierten. Auch der schwedische Ethnologe Tommy Dahlén bemängelt die zu hohe Fixierung der Interkulturalisten an den Modellen von Hofstede und Hall (MOOSMÜLLER 2000b: 16). Eine interdisziplinäre Zusammenarbeit hält LATORRE jedoch auch zukünftig für schwierig:

> „Angesichts der Unvereinbarkeit des in der Interkulturellen Kommunikationsforschung einerseits und des in der Sozial-, Kultur- und Kommunikationswissenschaften gültigen Kulturverständnisses andererseits scheint die Möglichkeit einer interdisziplinären Annäherung eher unwahrscheinlich." (LATORRE 2004: 38)

3.2 Enstehung einer „Interkultur"

„Interkulturelle Kompetenz" bezeichnet dem Namen nach die Kompetenz eines Menschen, mit einer „Interkultur" umgehen zu können, also in einer interkulturellen Situation kompetent kommunzieren zu können. Das Aufeinandertreffen zweier (mehrerer) Individuen mit unterschiedlicher kultureller Prägung erschafft demnach also eine „Interkultur", eine Kultur, die irgendwo zwischen den beiden (mehreren) Ursprungskulturen angesiedelt ist und die ohne dieses Zusammentreffen nicht entstanden wäre (KNOLL 2006: 77).

Bei der für den Begriff der „interkulturellen Kompetenz" wichtigen Definition dieser „Interkultur" ist also wichtig, dass eine „Interkultur" nur zwischen Individuen besteht. Sie ist nicht statisch, sondern wird immer wieder aufs Neue geschaffen und besteht nur für die Dauer der interkulturellen Interaktion (BOLTEN 2000a: 22). Ferner werde der Begriff „interkulturell" meist zielgerichtet verwendet. Während der Begriff „multikulturell" also die Beschreibung eines langanhaltenden Zustandes (z.B. einer Gesellschaft) ist, ist die „Interkultur" ein temporärer Zustand, der durch eine Intention entsteht (KREITZ-SANDBERG 2003: 160).

Die Auslegung und Beschreibung dieser „Interkultur" hängt erneut vom Kulturverständnis selbst ab (siehe Kapitel 3.1). Nach der Kohärenzorientierung entsteht die Interkultur durch die Überschneidung der beteiligten, statischen Kulturen. Diese Schnittmenge an eingebrachten Werten und Einstellungen bilden einen „Zwischenzustand" zwischen den involvierten Kulturen - ein temporäres „Drittes", erschaffen aus den sich überschneidenden Kulturen. Dem kohäsionsorientierten Kulturverständnis nach bringen die involvierten Personen in einer interkulturellen Interaktion ihre sich aus ihren Lebensäußerungen ergebenden „Kulturen" mit und addieren sie zu einer neuen „Interkultur" (RATHJE 2006: 14).

Folgt man diesen Erklärungsansätzen, gelangt man zu einer neuen Definition von interkultureller Kompetenz (RATHJE 2006: 14-15). Ausgang dafür ist die Beobachtung, dass alles, was nicht der (kollektiven?) gewohnten Normalität entspricht, fremd wirkt, da entsprechende Erfahrungswerte fehlen (BOLTEN 2000a: 50-51, 55). Kohärenzorientiert gesehen besteht interkulturelle Kompetenz also darin, mit der Fremdheit der Interkultur umgehen zu können. Der Kohäsionsorientierung nach besitzen interkulturell kompetente Personen dagegen die Fähigkeit, durch Kohäsion der individuell mitgebrachten Kulturen eine bekannte Normalität zu erschaffen. Dieser Interpretation nach ist interkulturelle Kompetenz also die Fähigkeit, „die durch Fremdheit gekennzeichnete `flüchtige´ Interkultur in Kultur umzuwandeln" (RATHJE 2006: 14).

Ein weiterer Vorteil der Kohäsionsorientierung gegenüber der Kohärenzorientierung sei laut Rathje, dass die entstehende „Interkultur" zwischen Individuen mit verschiedener kultureller Prägung nicht mehr etwas unerklärbares „Drittes" darstelle. Eine „Interkultur" entstehe also zwischen allen Individuen, unabhängig gleicher oder fremder Nationalität. Die Nationalkultur ist dabei nur eine der die Individuen beeinflußenden Kulturen, wobei die Interaktionspartner bei der Kohärenzorientierung dagegen oft auf diese reduziert werden (RATHJE 2006: 14-15).

DIRSCHERL (2004: 12) will die „Interkultur" als etwas Positives nützen und wirft Interkulturalisten vor, sie aus eigenen, wirtschaftlichen Motiven als bedrohlich darzustellen. Wie Erfahrungen zum Beispiel aus Urlauben zeigen, können interkulturelle Interaktionen auch Spaß machen. Dirscherl plädiert daher, die „Interkultur" als sogenannten „Dritten Raum" zu nutzen. Dieser „Dritte Raum" sei eine neutrale, teilweise irreal wirkende

Interkultur, die entstehe, wenn sich zwei gleichberechtigte Partner unterschiedlicher kultureller Herkunft treffen. Vorraussetzung für den „Dritten Raum" sei also, dass keine der involvierten Kulturen eine Vorrangstellung genieße (DIRSCHERL 2004: 13).

Unter dieser Vorraussetzung biete der „Dritte Raum" eine temporäre Interkultur, die durch Höflichkeit und Flexibilität gekenntzeichnet sei, und in der jeder bemüht sei, die Bedürfnisse des Fremden zu erfüllen (DIRSCHERL 2004: 14). Diese Form von Interkultur könne somit als Chance genützt werden und einen Raum erschaffen, in dem die Interkulturalität eine Sachlichkeit und Offenheit biete, die unter „normalen" Umständen nicht möglich sei (DIRSCHERL 2004: 18).

3.3 Definition der Unternehmenskultur

In der Fachliteratur wird meistens ausdrücklich zwischen der Landeskultur und einer Unternehmenskultur unterschieden. Der Erklärungsansatz der Unternehmeskultur geht von folgendem Gedanken aus: „Just as countries develop unique patterns of values, norms, beliefs, and acceptable behavior, so also do companies." (BRISCOE et al. 2009: 85). Der Begriff „Unternehmenskultur" bezeichnet folglich die Werte und Strukturen, die von einem Unternehmen vorgegeben werden und die idealerweise von einem Großteil der internationalen Belegschaft geteilt werden. Multinationale Unternehmen sind stolz auf ihre Unternehmenskultur, sie soll das Image ihres Konzerns stärken und die Mitarbeiter an das Unternehmen binden. Als Unternehmen mit einer bekannten, weltweit starken Unternehmenskultur gelten zum Beispiel Philips und Intel (BRISCOE et al. 2009: 85, MESSING 2003: 82-83).

Unklar im Diskurs der interkulturellen Kommunikationsforschung ist hingegen, inwiefern eine Landeskultur die Unternehmenskultur beeinflusst. Dieser Aspekt scheint jedoch sehr wichtig zu sein, bringen Mitarbeiter doch immer ihren eigenen kulturellen Hintergrund in das Unternehmen mit. Gerade kulturell homogene Unternehmen dürften daher stark durch die vorherrschende Landeskultur geprägt sein. MESSING (2003: 83) weist klar darauf hin, dass die beiden Begriffe zu trennen sind, räumt aber eine Beeinflußung der Unternehmenskultur durch die Landeskultur ein. Auch BRISCOE et al. (2009: 85-86) sehen die Ursprünge jeder Unternehmenskultur in ihrem jeweiligen Heimatland. Die sich dort bildenden Werte werden von den Konzernen in das Zielland übertragen, auch wenn dort andere kulturelle

Bedingungen herrschen[3]. Die gängige Praxis sei jedoch eine Reihe von konzernweiten Werten, die an lokale Bedingungen angepasst werden.

Bei den Studien von HOFSTEDE (2001: 73) wird der Einfluß der Unternehmenskultur völlig ignoriert. Alle Studien wurden in Niederlassungen von IBM durchgeführt, ein Unternehmen, das ebenfalls für eine starke Unternehmenskultur bekannt ist (weitere Kritik an den Studien von Hofstede werden in Kapitel 4.3 diskutiert). Auch LATORRE (2004: 37) kritisiert die oft leichtsinnige Gleichsetzung der Interkulturalisten von Nation und Kultur.

Bezüglich japanischer Unternehmen scheint die Trennung zwischen Unternehmens- und Landeskultur oft vernachlässigt zu werden. KEELEY (2001: 6) rechtfertigt dies durch den aus seiner Sicht starken Ethnozentrismus in japanischen Unternehmen. Selbst multinationale japanische Konzerne seien in ihren Hauptsitzen noch sehr homogen und dadurch stark von der Landeskultur geprägt (KEELEY 2001: 24). Daraus ergäbe sich, dass das japanische Managementsystem äußerst kulturspezifisch und schwer übertragbar sei (KEELEY 2001: 9).

YOSHIMURA und ANDERSON (1997: vii) wollen die japanische Unternehmenskultur aus einem anderen Blickwinkel betrachten. Die Verhaltensregeln und Werte eines japanischen Unternehmens ergeben sich ihrer Meinung nach nicht aus der kulturellen Prägung ihrer Mitarbeiter, sondern vielmehr aus der starken Sozialisation der Nachwuchsmanager durch ihre Vorgesetzten und „Mentoren".

Des Weiteren ist zu beobachten, dass im interkulturellen Diskurs häufig nur ausländische Firmen in Japan, anstelle von japanischen Firmen untersucht werden. Dies erklärt MOOSMÜLLER (2000a: 93) durch die scheinbar gänzlich fehlende Interkulturalität in japanischen Unternehmen. Er sieht die *gaishikei kigyō* als „Speerspitze einer Entwicklung" (MOOSMÜLLER 2000a: 93), in der verschiedene kulturelle Stile innerhalb eines „japanischen" Unternehmens vereinbart werden und sieht sie als Vorbild für rein-japanische Unternehmen. MOOSMÜLLER ignoriert also allzuoft den Einfluß der westlichen Unternehmenskultur, sowie die dadurch entstehenden Probleme (vgl. Kapitel 2.3), indem er die *gaishikei kigyō* als japanisches Unternehmen mit westlichem Einfluss missversteht.

---

3 Als Beispiel werden unter anderem Besetzungen von Top-Positionen durch Frauen in westlichen Firmen genannt

4. Die Darstellung der japanischen Unternehmenskultur

Das Bild der japanischen Unternehmenskultur ist bis heute noch sehr umstritten. Besonders in den Sozial- und Wirtschaftswissenschaften wird laut HAAK und HAAK (2006: 16) noch hartnäckig an einem homogenen, traditionellen Bild der japanischen Unternehmenskultur festgehalten und dabei ignoriert, dass sich die japanische Unternehmenskultur aufgrund demographischer und wirtschaftlicher Faktoren im Wandel befindet und nur noch eine Minderheit der japanischen Arbeitnehmer im traditionellen Beschäftigungsverhältnis steht (HAAK / HAAK 2006: 15-17). Zudem wird zu wenig beachtet, dass sich diese „traditionellen" japanischen Werte der japanischen Unternehmenskultur aus den wirtschaftlichen Gegebenheiten der Nachkriegszeit gebildet haben und damit keine direkten Rückschlüsse auf die Nationalkultur zulassen (ROTHLAUF 1999: 285).

Des Weiteren ist oft zu beobachten, dass die japanische Unternehmenskultur als „typisch asiatisch" beschrieben wird und es dadurch zu einer Verallgemeinerung auf Basis einer „ostasiatischen Unternehmenskultur" kommt (vgl. zum Beispiel ROTHLAUF 1999: 283, 301-302). Wie jedoch mehrere Studien suggerieren, sind die Kulturprofile in Ostasien deutlich verschieden. Während China von Kulturwissenschaftlern meist mit Ländern wie Vietnam, den Philippinen und Thailand in den als „Far Eastern" benannten Kulturraum eingeordnet wird, werden sowohl Korea, als auch Japan als kulturell eigenständig bezeichnet (BRISCOE et al. 2009: 83-84).

Analysen der japanischen Unternehmenskultur basieren größtenteils auf Folgerungen aus interkulturellen Konflikten im Umgang zwischen „westlichen" Managern und ihren japanischen Geschäftspartnern und Kollegen. Hier besteht die Gefahr eines Phänomens, das NIESEN (2007: 41) den „die-anderen-sind-Schuld"-Faktor nennt. Konflikte zwischen deutschen und japanischen Managern werden allzuleicht als interkulturelle Probleme gesehen, bei denen in der Andersartigkeit der japanischen Unternehmenskultur der Grund für das eigene Scheitern gesucht wird.

Empirische Forschungsergebnisse über die japanische Unternehmenskultur scheinen entweder zu fehlen, oder so gut wie nicht berücksichtigt zu werden. Daraus ist ein recht festes Bild der japanischen Unternehmenskultur entstanden, das reich an Stereotypisierungen ist. Dieses Bild wird im nächsten Unterkapitel zusammengetragen werden. In Unterkapitel 4.2 wird ein weiterer Ansatz der Darstellung erläutert, der auf dem Buch *Inside the Kaisha* von

YOSHIMURA und ANDERSON basiert, und der im Gegensatz zu den meisten deutschen Autoren japanische Unternehmen unter japanischer Führung betrachtet. In Kapitel 4.3 wird schließlich auf die Studien von Geert Hofstede eingegangen werden, die die Grundlage vieler interkultureller Forschungen bildet.

4.1 Stereotypisierung der japanischen Unternehmenskultur

In der Literatur über die japanische Unternehmenskultur trifft man oft auf immer wiederkehrende Aussagen. Ein Großteil dieser Aussagen wird weitgehendst verallgemeinert und somit zu einem festen Bild des „typischen" Japaners geformt. Diese Aussagen, die, wie bereits erwähnt, meist nur auf Beobachtungsanalysen basieren, werden in der vorliegenden Arbeit daher als „Stereotypen" bezeichnet. Da die Untersuchung dieser „Stereotypen" den Rahmen dieser Arbeit sprengen würde, soll die hier präsentierte Aufzählung keine Bewertung darstellen, sondern einzig die Darstellung der japanischen Unternehmenskultur im Diskurs über interkulturelle Kompetenz zusammenfassen.

Wie bereits erwähnt, wird bei der Darstellung der japanischen Unternehmenskultur immer wieder auf die *Nihonjinron*-Literatur zurückgegriffen. Dies geschieht durch die Schwierigkeit der Abgrenzung von *Nihonjinron*, durch die Unkenntnis der japanischen Kultur seitens fachfremder Autoren, teilweise jedoch auch gezielt. So bezeichnet MOOSMÜLLER die Thesen des *Nihonjinron* als „äußerst wirksame Konzepte [...], die das Alltagshandeln in den Unternehmen nicht nur erklären, sondern auch determinieren" (MOOSMÜLLER 2000a: 96). Diese Aussage rechtfertigt er einerseits durch die (fälschliche?[4]) Annahme, der *Nihonjinron* sei keine von außen herangetragene Stereotypisierung, sondern das Ergebnis der Konstruktion und Erklärung der eigenen Unternehmensstruktur seitens japanischer Autoren. Die Thesen des *Nihonjinron* seien in der japanischen Gesellschaft derart verankert, dass sie den japanischen Unternehmensstil deutlich prägten (MOOSMÜLLER 2000a: 95-96).

Dazu sei an dieser Stelle angemerkt, dass es auch in der Japanologie Stimmen zum gemäßigteren und nicht automatisch verdammenden Umgang mit dem *Nihonjinron* gibt (vgl. dazu VOLLMER 2003: 60-64). Die Beurteilung des *Nihonjinron* würde den Umfang dieser Arbeit ebenfalls übersteigen, zur Bewertung des Diskurses in der interkulturellen Kommunikationsforschung muss das Wissen reichen, dass es sich beim *Nihonjinron*

---

4 Dem *Nihonjinron* werden sowohl japanische, als auch westliche Autoren zugeordnet (GERMER 2004: 12)

zumindest um äußerst umstrittene, wissenschaftlich oft nicht belegte Thesen handelt.

4.1.1. Das japanische Harmoniebedürfnis

Eines der häufig erwähnten angeblichen Prinzipien der japanischen Unternehmens-kultur ist das *wa* (jap. für Harmonie). So erwähnt beispielsweise ROTHLAUF (1999: 276) „das Grundbedürfnis aller Japaner zur Harmonie ihrer Gesellschaft beizutragen". Außerdem funktionierten Japaner nur, wenn ein bestimmtes Maß an Harmonie gegeben sei, weshalb offene Kritik an Japanern unbedingt zu vermeiden sei (ROTHLAUF 1999: 269, 288-289).

MOOSMÜLLER (2003: 212) mahnt westliche Manager zu unbedingten Einhaltung der Hierarchiestrukturen, die essentiell für das Harmoniebedürfnis der Japaner sei:

> „Ob Schüler, Student oder Firmenangehöriger, sie alle ordnen sich in ein fein abgestimmtes System der Ungleichheit, in dem idealerweise jeder 'seinen Platz', also den gemäß Alter, Betriebszugehörigkeit, Ausbildung etc. 'angemessenen' Platz einnimmt. Wenn jeder seinen Platz einnimmt und dieser Position entsprechend behandelt wird, dann gibt es keine Anfeindungen und Neidereien, dann herrscht Harmonie in der Gruppe." (MOOSMÜLLER 2003: 212)

Auch WOLF (2007: 20-21) sieht *wa* als wesentlichen Bestandteil der japanischen Unternehmenskultur, findet aber „das Bild des konfliktscheuen, schweigenden Japaners [...] durch die westliche Literatur zu einseitig gezeichnet" (WOLF 2007: 20). Vielmehr versteckten Japaner ihre „wahren Gefühle" (*honne*) hinter einem sozial akzeptablen Scheinbild (*tatemae*). Das *honne* lasse sich trotzdem durch Umfeldwechsel (wie etwa dem „after-hour socializing", dem berühmten Essen- und Trinkengehen nach der Arbeit) herauslocken (WOLF 2007: 7, 18-19).

KEELEY (2001: 52-53) sieht die Hauptaufgabe des japanischen Personalmanagements in „maintaining *wa*". So sei es zu erklären, dass die Bewertungskriterien japanischer Manager (Pünktlichkeit, Teamwork, Arbeitseinstellung) derart von westlichen Standards abweiche. MESSING (2003: 87) zitiert dazu eine Umfrage, nach der 80% der Japaner mehr Wert auf „gute interpersonale Beziehungen" (in der westlichen Literatur oft als *wa* interpretiert) wichtiger seien als hohes Gehalt. Leider fehlen auch hier entsprechende Vergleichswerte mit Nicht-Japanern. BOLTEN (2007a: 68) führt die Ergebnisse einer Umfrage an, nach der die Zielsetzung japanischer Manager im Gegensatz zu der Zielsetzung deutscher Manager (die u.a. Sicherung des Unternehmens und der Arbeitsplätze als wichtigste Ziele angaben) auf teamorientierten Werten wie der Verbesserung der Unternehmensumwelt oder der Sicherstellung guter Zusammenarbeit liegen. Dies interpretiert Bolten jedoch nicht als „Harmoniebedürfnis", sondern als Ausdruck einer dynamischen und teamorientierten Unternehmenskultur zur Steigerung der Wirtschaftskraft.

Mit dem angeblichen Harmoniebedürfnis wird oft die „*hai*-Problematik" in Zusammenhang gebracht (WOLF 2007: 2-4). Demnach sagten Japaner in Verhandlungen zu allem „Ja" (jap. *hai*), auch wenn sie damit nur ihre Aufmerksamkeit ausdrücken möchten. Im Gegensatz dazu seien sie durch ihr Harmoniebedürfnis nicht fähig „Nein" zu sagen, weshalb westlich geprägte Menschen oft Schwierigkeit haben, die wahre Aussage ihrer japanischen Geschäftspartner zu verstehen.

WOLF erklärt dies durch die Einteilung des Anthropologen Edward T. Halls von Kulturen in „high-context" und „low-context" Kulturen. „High-context" Kulturen, wie die japanische, benutzten laut Hall nur wenig Informationen in ihrer verbalen Kommunikation, da diese schon durch den Kontext vorausgesetzt werden. Somit könnten Japaner „durchaus ein deutliches 'Nein' kommunizieren, wobei man die verwendeten Nuancen verstehen muss" (WOLF 2007: 4), was Menschen aus einer „low-context" Kultur (wie der deutschen) schwer falle. Ungeklärt ist bei dieser Argumentation jedoch die Frage, ob Japan auf Grund ihres (angeblichen) Harmoniebedürfnisses diese „high-context" Kommunikation entwickelten, oder ob die japanische Kultur durch ihre spezielle Kommunikationsweise von Außen als „harmoniebedürftig" wahrgenommen wird.

YOHSIMURA und ANDERSON (1997: 81-89) halten *wa* als Erklärung der japanischen Unternehmenskultur für überbewertet. Der größte Irrtum gegenüber *wa* sei, dass Westler der Meinung seien, Harmonie entstehe aus Vertrauen. In japanischen Firmen sei diese Harmonie jedoch nur oberflächlich, Umfragen zeigten, dass Japaner im Vergleich mit westlichen Unternehmen sogar weniger zufrieden mit ihrem Arbeitgeber seien. Diese oberflächliche Harmonie sei vielmehr ein Produkt aus Kontrollmechanismen, sie funktioniere aus einem Konzept heraus, in dem „individuals follow well-understoof behavioral models" (YOSHIMURA / ANDERSON 1997: 82).

Diese vorgegebenen „behavioral models" seien jedoch nicht jedem Japaner kulturell gegeben, sondern werden in einem strikten Sozialisationsprozess erlernt (YOSHIMURA / ANDERSON 1997: 23). Bei der Erklärung der Entstehung dieser Verhaltensmodelle gehen YOSHIMURA und ANDERSON (1997: 46-47) jedoch wieder kulturalistisch vor und beziehen sich auf das Konzept des *haji* (Scham / Verlegenheit). Als „beschämend" werden Handlungen wahrgenommen, die die Erwartungen der Gesellschaft oder einer bestimmten Referenzgruppe nicht erfüllen, oder im schlimmsten Fall einer anderen Person *haji* zufügen. Dieses Konzept ähnelt somit stark dem Konzept des „Gesicht verlieren", welches in der westlichen Asienliteratur ebenfalls oft zur Anwendung kommt. *Haji* erschafft somit Verhaltensnormen, die Japaner zu der oft bewunderten Loyalität und einer harmonischen Umgangsweise, die keinem der involvierten Personen *haji* zufügt. Das „Harmoniebedürfnis" der Japaner sei also nur ein Produkt dieses *haji*, denn in Wirklichkeit sei „feeling embarrased or ashamed [...] the basic intangible principle guiding Japanese behaviour" (YOSHIMURA / ANDERSON 1997: 47).

4.1.2 Der japanische Kollektivismus

Das „Harmoniebedürfnis" der Japaner wird oft in Zusammenhang mit ihrer angeblichen kollektivistischen Nationalkultur erwähnt. „Japanese culture is rooted in collectivism" (KEELEY 2001: 26) ist eine Aussage, der man in der Fachliteratur häufig begegnet. Mit dem japanischen Kollektivismus werden zudem auch die „typisch japanischen" Managementpraktiken erklärt: Die Bewertung und Belohnung auf Gruppenbasis, das lebenslange Beschäftigungsverhältnis, sowie die gemeinschaftliche Entscheidungsfindung (*ringi*) seien nur drei Beispiele für das kollektivistische Verhalten auch innerhalb eines Unternehmens (KEELEY 2001: 26, 28). Auch ROTHLAUF (1999: 290) sieht in der langen Entscheidungsfindung, die unbedingt im Konsens enden müsse, einen Beweis des japanischen Kollektivismus. Außerdem heißt es: „Individualisten sind in Japan nicht gefragt. Im sozialen Gewebe des Inselstaates finden sie kaum Halt" (ROTHLAUF 1999: 264).

Für alle der angeführten „Beweise" für den angeblichen japanischen Kollektivismus lassen sich jedoch auch andere Ursachen finden. Wie erwähnt (siehe oben), lässt sich etwa die lebenslange Beschäftigung auf die Bedingungen des Arbeitsmarktes nach dem zweiten Weltkrieg zurückführen. YOSHIMURA und ANDERSON (1997: 24) sehen sie dazu mittlerweile als sozialen Zwang, es sei „socially unacceptable" aus einer Firma auszutreten. Soziale Zwänge wie dieser, ein ausführlicher Sozialisationsprozess, sowie die akzeptierte, absolute Autorität der Vorgesetzten schaffe eine „family-like atmosphere", die leicht als harmonisches Kollektiv missverstanden werden könne (YOSHIMURA / ANDERSON 1997: 29-30).

Zudem gebe es immer wieder Möglichkeiten, selbst in den oberflächlich kollektivistischen Strukturen die individuellen Meinungen und Bedürfnisse durchzusetzen. Zum einen spielen auch hier wieder *honne* und *tatemae* eine wichtige Rolle (siehe 4.1.1.). Außerdem scheinen Japaner auch selbst eigene Techniken zu diesem Zweck entwickelt zu haben. An dieser Stelle sei nur das *nemawashi* erwähnt. Das *nemawashi* bezeichnet informelle, persönliche Gespräche und dient der vorherigen Klärung der verschiedenen Meinungen zu einem bestimmten Thema. Auf diese Weise wird innerhalb der Gruppe schon vor der offiziellen Entscheidungsfindung die Richtung vorgegeben und sie kann ohne ein Mitglied in Verlegenheit zu bringen mit kollektiver Meinung nach außen auftreten (HEIDER 2007: 36). Der Entscheidungsprozess in japanischen Firmen scheint also nicht so harmonisch kollektiv abzulaufen, wie er sich westlichen Beobachtern oft bietet, sondern scheint nur unter anderen „Regeln" zu funktionieren.

KEELEY (2001: 25-27) beschreibt die japanische Kultur ferner als „tight collectivistic". Dies bedeutet, Japaner seien persönlich individualistischer als man aus ihrem Verhalten schlussfolgern könnte, werden durch hohe gesellschaftliche Sanktionen bei nicht-kollektivistischen Handeln jedoch zu kollektivistischen Verhalten getrieben.

Individualistischen westlichen Manager werde laut Fachliteratur daher ebenfalls mit negativen Gefühlen begegnet. Dies sei vor allem ein Problem unterschiedlicher Werte in den verschiedenen Kulturen. Während der individualistische Gedanke in westlichen Ländern für „Spontanität, Freiheit und Kreativität" stehe, werde er in Japan „als egoistisch, selbstzentriert und mit Mangel an Interesse für die Belange der Mitmenschen ausgelegt" (FOHR 2007: 62).

4.1.3. *uchi* und *soto*

In den meisten Artikeln und Büchern über die japanische Unternehmenskultur findet sich die Einteilung des japanischen Kollektivismus in sogenannte In-groups (*uchi*) und Out-groups (*soto*). Dieses Konzept geht davon aus, dass die japanische Kultur alles in „Gruppen" aufteilt und sich Japaner dementsprechend durch ihre Gruppenzugehörigkeiten identifizieren. Je nach Kontext unterscheiden Japaner demnach zwischen Personen die sich innerhalb ihrer Gruppe befinden (*uchi*) und Personen die sich außerhalb dieser befinden (*soto*). Diese Unterscheidung beeinflusst unter anderem Sprache und Verhalten (HEIDER 2007: 33).

Angefangen von der Familie gibt es in jedem Bereich diese speziellen Gruppen. Westlichen Managern scheint besonders die Tatsache, dass man je nach Kontext zwischen *uchi* und *soto* wechseln kann, Schwierigkeiten zu bereiten. So kann im Umgang mit anderen

Unternehmen die eigene Firma als *uchi* gelten, auf Abteilungsebene können Firmenmitarbeiter durch die Referenzgruppe „eigene Abteilung" (*bu*) wiederum zu *soto* werden (YOSHIMURA / ANDERSON 1997: 63-65).

Durch dieses Gruppendenken bräuchten Japaner laut YOSHIMURA und ANDERSON (1997: 56-58) in jeder Situation eine „reference group". Auf kultureller Ebene sei das „Japaner sein" *uchi* und somit alle Nicht-Japaner *soto*. Aus diesem Grund seien Ausländer in Japan fast immer außerhalb der In-Groups (YOSHIMURA / ANDERSON 1997: 75), was für viele westliche Manager schwer zu akzeptieren sei: „In some contexts, Japanese are insiders and foreigners are outsiders. The different treatment of the two naturally infuriates foreigners." (YOSHIMURA / ANDERSON 1997: 56-57)

4.2 Die fünf kulturellen Dimensionen Hofstedes

Die Studien des Kulturwissenschaftlers Geert Hofstede bilden heute die Grundlagen vieler interkultureller Arbeiten. Hofstede versuchte etwas, das auf dem ersten Blick unmöglich scheint: Kulturen zu messen. Dazu führte er Umfragen in IBM-Niederlassungen in 72 Ländern durch. Auf den Auswertungen dieser Umfragen leitete Hofstede schließlich seine fünf Kulturdimensionen ab[5]. Diese fünf Dimensionen sind (HOFSTEDE 2001: xix-xx):

1. Machtdistanz (PDI): Wie hoch ist die Akzeptanz von Machtungleichverteilung?
2. Unsicherheitsvermeidung (UAI): Wie gut kann eine Kultur mit neuen, unsicheren Situationen umgehen?
3. Individualismus gegen Kollektivismus (IDV)
4. Maskulinität gegen Feminität (MAS): Ausprägung der geschlechter-spezifischen Werte
5. Lang- oder kurzfristige Ausrichtung des Handelns (LTO)

Die Ergebnisse Hofstedes sind nicht unumstritten. Viel Kritik gibt es unter anderem zur geringen Aktualität der Befunde (die Originalstudie stammt aus den Jahren 1967-1972) und zu ihren zweifelhaften Repräsentativität, da sie sich einzig auf IBM-Mitarbeiter konzentriert. Hofstede selbst hält die Kritik für unangemessen,

---

5 Die fünfte Dimension wurde erst später entwickelt.

da er Kultur für statisch, bzw. sehr langsam entwickelnd (siehe Kapitel 3.1) und seine Datenlage für ausreichend groß und repräsentativ hält (HOFSTEDE 2001: 73).

Da scheinbar viele Kulturwissenschaftler mit Hofstedes Ergebnissen arbeiten, und die Umfrageergebnisse zumindest eine gute Datenbasis darstellen kann, sollen die Dimensionen im Bezug auf die deutsche und die japanische Unternehmenskultur hier etwas genauer betrachtet werden. (siehe Abb. 2)

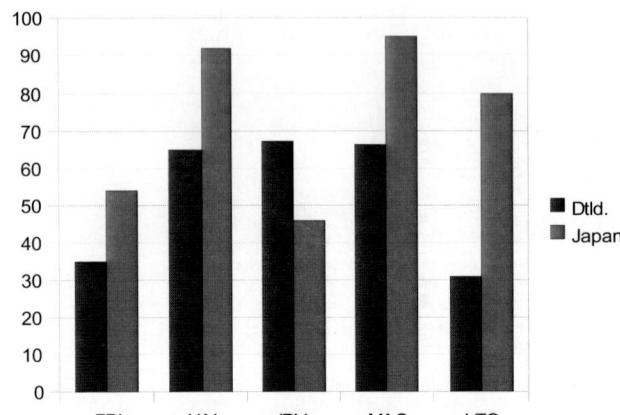

Abb.2: Deutschland und Japan in den fünf Dimensionen Hofstedes
Quelle: HOFSTEDE (2001: 87, 161, 215, 286, 356)

Beim Betrachten der Dimension „Machtdistanz" (HOFSTEDE 2001: 87) fällt ein relativ geringer Unterschied zwischen Japan und Deutschland auf ($\Delta = 19$). Zwar hat Japan einen leicht höheren Wert, liegt aber noch leicht unter dem Durchschnitt aus 50 Ländern und drei Regionen (welcher bei 57 liegt) und hat damit einen noch geringeren Wert als europäische Länder wie Spanien (57) und Frankreich (68).

Die oft gefühlte starke Autorität der Vorgesetzten (vgl. etwa MOOSMÜLLER 2003: 211) über ihre Mitarbeiter lässt sich hier also nicht bestätigen. Ausgeprägte Hierarchien (sofern sie denn wirklich in dieser Form vorhanden sind) entstehen in japanischen Firmen also nicht durch starke ungleiche Machtverteilung, sie ist vielmehr unpersönlicher Art, da sie lediglich nach dem Rang und dem Alter der involvierten Personen festgelegt wird (YOSHIMURA / ANDERSON 1997: 186-189). Direkte Autorität führe dagegen zu *haji* und werde daher gemieden. Zudem ist zu beachten, dass trotz einer klaren Hierarchiestruktur der tatsächliche Machtunterschied zwischen hochgestellten und weniger niedriger gestellten Managern in Deutschland sogar höher zu sein scheint als in Japan, wo das mittlere Management deutlich mehr Einfluß auf das Top-Management hat (YOSHIMURA / ANDERSON 1997: 9). Dies komme aus erwähnter Statusunabhängigkeit der japanischen Hierarchiestruktur. Damit kann MOOSMÜLLERS „System der Ungleichheit" (siehe Kapitel 4.1.1) als widerlegt gelten. HOFSTEDE (2001: 88-89) bestätigt dies in einer Folgeanalyse: Während die Akzeptanz autoritären Verhaltens in Deutschland deutlich sinkt, je höher die entsprechende Person in der Hierarchiestruktur steht, ist sie in Japan auffällig gleichbleibender.

Die japanische Hierarchiestruktur halten YOSHIMURA und ANDERSON (1997: 36-37) als Behelfsmittel zur Erschaffung eines Kontextes, den Japaner brauchten um ein „richtiges Verhalten" zu erkennen. Sie gehen damit davon aus, dass das Verhalten von Japanern durch den Kontext der Aktion bestimmt wird, der vom Rang der involvierten Personen und der jeweiligen Situation abhängt. Dadurch entstehe ein „right way" (YOSHIMURA / ANDERSON 1997: 41), der sich automatisch aus der jeweiligen Hierarchiesituation ergebe. Unklarheit über diese Struktur (beispielsweise durch ungeklärte Hierarchien) führe daher zu Unsicherheit und Beklemmtheit (YOSHIMURA / ANDERSON 1997: 196).

Dies lässt sich womöglich eher auf die zweite Kulturdimension, der Unsicherheitsvermeidung belegen. Diese definiert HOFSTEDE (2001: 161) als „the extent to which the members of a culture feel threatened by uncertain or unknown situations". Japan erreicht hier mit 92 Punkten einen recht hohen Wert (Rang 7), Deutschland liegt mit 65 Punkten jedoch auch genau im Durchschnitt (HOFSTEDE 2001: 151).

Auch KEELEY (2001: 25) nennt „low tolerance of deviation from standard or 'proper' behaviour" als eine der wichtigsten Charakteristika der japanischen Kultur, bringt dies jedoch mit dem angeblichen Kollektivismus der Japaner in Verbindung. HOFSTEDE (2001: 169) sieht ausgeprägte gesellschaftliche Regeln jedoch für typisch für eine Kultur mit hohem Unsicherheitsvermeidungs-Wert. Die Aufgabe des japanischen Managers *wa* zu erhalten, ist aus dieser Sichtweise daher eher ein Bemühen, Unsicherheiten, beziehungsweise unsichere Situationen (Kontexte?) zu vermeiden.

Weitere, Kulturen mit hohen UAI-Wert zugesprochene Merkmale können laut HOFSTEDE (2001: 146-147) zum Beispiel Traditionalismus, Ethnozentrismus, Aberglaube, Rassismus, Autoritätsverlangen, Bürokratie und Strukturbedürftigkeit sein. Zur Strukturbedürftigkeit und der sich daraus entwickelnden bürokratischen Unternehmenskultur wurden im Falle Japans bereits die Ausführungen YOSHIMURA und ANDERSONS erwähnt. Ethnozentrismus ist ein ebenfalls oft erwähntes Charakteristikum. So hält KEELEY (2001: 8-9) Japaner für dermaßen ethnozentristisch, dass sie nur schwer Verständnis für andere (Unternehmens-)Kulturen aufbringen könnten. WOLF (2007: 16-17) begründet aus der japanischen Angst vor Unsicherheit ferner den hohen Informationsbedarf in japanischen Unternehmen, der sich etwa bei Entscheidungsfindungen zeige.

Auch die Dimension „Individualismus gegen Kollektivismus" mag in Anbetracht der vorliegenden Fachliteratur überraschen. Zwar liegt Japan mit 46 Punkten leicht im kollektivistischen Bereich (HOFSTEDE 2001: 215), ist damit aber sogar knapp über dem Länderdurchschnitt (43 Punkte). Außerdem ist Japan nur 21 Punkte von Deutschland (67) entfernt und ist nach dieser Studie deutlich individualistischer als seine asiatischen Nachbarn (Südkorea mit 18 Punkten, Taiwan mit 17 Punkten). So dürfte zumindest der „tief-kollektivistische Charakter" der japanischen Kultur (siehe Kapitel 4.1.2.) in Frage gestellt sein.

HOFSTEDE (2001: 237) sieht es als wichtig an, die Perspektive zu beachten: Während der Westen (mit einem höheren IDV-Wert) Japan als kollektivistisch sehe, wird es aus asiatischer Sicht als individualistisch wahrgenommen. Auch KEELEY (2001: 26-27) hält Japan für indvdualistischer als seine asiatischen Nachbarländer, da Japan aber eine „tight collectivistic culture" sei, seien dort die Sanktionen gegen nicht-kollektivistisches Verhalten höher als beispielsweise in Südkorea oder China. HOFSTEDE (2003: 227-228) räumt Japan weiter einen Sonderstatus ein. So zeigten Japaner innerhalb ihrer In-Groups[6] ein kollektivistisches Verhalten, könnten diese Gruppe aber relativ leicht wechseln und sich neuen Gruppen anpassen. Dieses Konzept scheint der Definition von *uchi* und *soto* (siehe Kapitel 4.1.2) sehr ähnlich. Außerdem habe die Modernisierung zu einer wesentlichen Steigerung indvdualistischer Werte in Japan geführt (HOFSTEDE 2001: 253-255).

Betrachtet man den Maskulinitätswert, findet man Japan mit 95 Punkten an weltweit erster Stelle. Dies bedeutet nicht nur einen relativ deutlichen Abstand zum Zweitplatzierten (Österreich mit 79 Punkten), sondern auch eine klare Abgrenzung zu anderen ostasiatischen Ländern, die sich (mit Ausnahme der Philippinen) fast alle im feministischen Bereich der Skala befinden (z.B. Taiwan mit 45 Punkten, Südkorea mit 39 Punkten). Deutschland belegt im weltweiten Vergleich mit 66 Punkten immerhin Platz 9 (HOFSTEDE 2001: 286). Ein hoher MAS-Wert bedeutet laut HOFSTEDE (2001: 284, 297) vor allem eine klare Trennung von geschlechterspezifischen Eigenschaften. Je höher dieser Wert, desto mehr verhielten sich

---

6 Die strenge Unterscheidung zwischen In- und Out-Groups selbst ist laut HOFSTEDE (2001: 216) bereits eine Tendenz kollektivistischer Kulturen

Männer „maskulin" und Frauen „feminin".

Während „feminine Werte" besonders auf soziale Eigenschaften ausgelegt sind, seien „maskuline Werte" sogenannte „ego goals" (HOFSTEDE 2001: 279) wie die eigene Karriere, oder materielle Dinge. In einer maskulinen Gesellschaft gelte das Prinzip „living in order to work" (HOFSTEDE 2001: 312). Arbeit stehe in maskulinen Kulturen also noch vor der Familie, Versagen werde sozial nicht akzeptiert[7]. Die starke Konzentration japanischer Angestellter auf ihr Arbeitsleben und der Konflikt mit Kulturen, die einen stärkeren Wert auf ihr Sozialleben (z.B. Familie) legen, wird in der Fachliteratur häufig thematisiert (vgl. KEELEY 2001: 37-38, MESSING 2003: 72, MOOSMÜLLER 2003: 207).

Maskuline Kulturen brächten jedoch auch Manager hervor, die hart und durchsetzungsstark handeln und streng nach Leistung bewerteten (HOFSTEDE 2001: 313-314). Auch hier spricht HOFSTEDE Japan wieder einen Sonderstatus zu. „Maskuline" Manager seien trotz des stark maskulinen Charakters der japanischen Kultur in japanischen Unternehmen nicht erwünscht (möglicherweise überwiegt hier der Einfluss des UAI?). HOFSTEDE (2001: 314) selbst führt das Bedürfnis nach einem „weichen" Manager auf das nicht unumstrittene *amae*-Konzept des japanischen Psychologen Takeo Doi zurück. Durch die starke Geschlechtertrennung in Japan (wiederum bedingt durch den hohen MAS-Wert) seit ihrer Kindheit haben japanische Männer laut dieser Theorie einen höheren Bedarf nach *amae*, also einer Art „mütterlichen Liebe", den sie im Gegensatz zu Männern anderer Kulturen bis ins Erwachsenenleben mitnähmen.

Die Dimension „Long-term Orientation" (LTO) wurde erst später entwickelt, um die asiatischen Kulturen abzugrenzen. In der Tat lässt sich feststellen, dass asiatische Kulturen tendenziell einen hohen LTO-Wert aufweisen. So belegt Japan mit 80 Punkten den 4. Platz unter 23 Ländern, Deutschland kommt dagegen mit 31 Punkten auf Platz 15 (HOFSTEDE 2001: 356).

Kulturen mit hohem LTO-Wert weisen laut HOFSTEDE (2001: 353-354) vor allem konfuzianistische Einflüsse auf. Ausgeprägte Werte seien somit unter anderem Ausdauer und Beharrlichkeit, persönliche Stabilität, Statusorientiertheit, Traditionsbewusstsein und das Konzept des „Gesicht bewahrens" (vgl. hierzu Kapitel 4.1.1.). Ferner werde die Wichtigkeit von Geschenken, Gefallen und gegenseitigem Kontakt sehr hochgehalten. Auch WOLF (2007: 11) hält Japaner für beziehungsorientiert. Die lange Zeit, die in Japan zur Etablierung einer vertrauensvollen Geschäftsbasis benötigt werde, führt sie jedoch auf die japanische Angst vor

---

[7] HOFSTEDE (2001: 303) erklärt damit unter anderem die hohe Selbstmordrate in Japan.

Ungewissheit (UAI) zurück. Um diese Angst zu vermindern, müsse erst eine Vertrauensbasis aufgebaut werden, die selbstverständlich Zeit brauche (WOLF 2007: 16,22).

YOSHIMURA und ANDERSON (1999: 10) halten japanische Unternehmen dagegen nicht für langfristig orientiert. Sie führen dafür die Bubble-Economy an, nach der japanische Unternehmen durch sehr kurzfristig gesuchte Investmentgeschäfte Schaden erlitten hätten. Auch japanische Psychologen sähen japanische Individuen als short-term orientiert. Auch das im Westen berühmte Konzept des *kaizen* sei ein Beleg dafür: *Kaizen* basiere auf der Idee, aufkommende Probleme ständig in kleinen (also kurzfristigen) Schritten zu lösen, und Prozesse damit kontinuierlich zu verbessern (YOSHIMURA / ANDERSON 1999: 128-129). Wie westliche Firmen planten japanische Unternehmen grundsätzlich in 1- und 5-Jahresplänen. Längere Planungen existierten zwar, seien jedoch rein symbolisch, würden ständig geändert und sollen nur Kunden und Geschäftspartner beruhigen (YOSHIMURA / ANDERSON 1999: 139). Long-term orientiert seien Japaner dagegen bezüglich persönlicher Beziehungen. Dies diene jedoch ebenfalls primär der Vermeidung von *haji* (YOSHIMURA / ANDERSON 1999: 133, 140).

Zusammenfassend lässt sich sagen, dass die Forschungsergebnisse Hofstedes die Thesen der Fachliteratur teilweise wiedergeben, teilweise jedoch auch nicht vereinbare Widersprüche aufwerfen. Aufgrund der breiten Datenlage könnten sie aber möglicherweise die Grundlage einer weiteren kulturalistischen Analyse der japanischen Unternehmenskultur bilden könnten. Dafür wären jedoch weitere, umfassendere Studien von Nöten.

5. Interkulturelle Kompetenz in deutschen Unternehmen

Wie bereits mehrfach angedeutet, scheinen auch deutsche Unternehmen die Bedeutung von interkultureller Kompetenz zumindest theoretisch erkannt zu haben. Dieses Kapitel soll sich daher mit der Fragestellung auseinandersetzen, wie die Fachliteratur das Entstehen interkultureller (Japan-)Kompetenz beschreibt (Kapitel 5.1.). In Kapitel 5.2. soll ferner das interkulturelle Training vorgestellt werden, das die von Unternehmen am häufigsten angewandte Methode zur Steigerung interkultureller Kompetenz zu sein scheint. Kapitel 5.3. soll schließlich einen Blick auf die aktuelle Situation in deutschen Unternehmen werfen und erläutern, wie die Fachliteratur diesen Ist-Zustand bewertet.

5.1 Erlangen von interkultureller Japan-Kompetenz

In Kapitel 2.1. wurde bereits die Trennung zwischen allgemeiner und länder-spezifischer interkultureller Kompetenz besprochen, sowie Voraussetzungen zur allgemeinen interkulturellen Kompetenz angeführt. Unter Berücksichtigung der in Kapitel 4.1. aufgelisteten Wahrnehmung der japanischen Unternehmenskultur seitens der Autoren scheint jedoch im Falle Japans eine ausgeprägte länderspezifische Kulturkompetenz gefordert zu sein. Doch wie erlangt man interkulturelle Japan-Kompetenz?

Im allgemeinen sind in der Fachliteratur immer wieder einzelne „Regelratschläge" zu finden, durch deren Einhaltung man die japanische Unternehmenskultur zu verstehen lerne. Als Beispiel sei ROTHLAUF (1999: 275-289) genannt. Hier finden sich Ratschläge wie etwa die Bedeutung des „Schweigen könnens", die Vermeidung von offener Kritik, oder die Wichtigkeit des direkten Kontakts. BOLTEN (2007a: 5) kritisiert diese Beschränkung auf „Dos & Don't"-Schematas. Nach seinem Konzept der Handlungskompetenzübertragung ist es viel wichtiger, allgemeine Wirkungsmechanismen innerhalb einer Kultur zu erkennen, wie etwa die Art der Konfliktbewältigung oder die Methoden der Wissensübertragung (vgl. dazu Abb.1, S.7).

Einig scheint sich die Fachliteratur über die Rolle der japanischen Sprache zu sein. Auf der einen Seite werden die oft mangelnden Englischkenntnisse der Japaner angeführt (KEELEY 2001: 143), auf der anderen Seite sei die japanische Sprache zudem ein wichtiger Schlüssel zum Verständnis der japanischen Kultur (FOHR 2007: 73). Außerdem zeige das Erlernen der japanischen Sprache Integrationsbereitschaft, die von Japanern sehr positiv wahrgenommen werde. YOSHIMURA und ANDERSON (1997: 79) raten daher unbedingt zum Wahrnehmen von Sprachkursen. Auch wenn diese Expatriates ohne Vorkenntnisse selbstverständlich nicht innerhalb der meist kurzen Entsendungsdauer auf ein verhandlungssicheres Japanisch erlernen könnten, erntete man für diese freiwillige Anstrengung wichtige Anerkennung bei seinen japanischen Kollegen.

Das Zeigen der richtigen Einstellung sei laut YOSHIMURA und ANDERSON (1997: 237-240) sei generell sehr wichtig für ausländische Manager in Japan. Dazu gehöre vor allem Lern- und Kommunikationsbereitschaft. Japaner sähen die Pflicht zur ersten Kommunikation im allgemeinen bei den Ausländern. Darüber hinaus sollten Ausländer gegenüber den Eigenheiten der japanischen Unternehmenskultur mehr Akzeptanz aufbringen, selbst wenn sie ihnen unlogisch erschienen. Auch FOHR (2007: 74-75) betont es sei wichtig, die Besonderheiten der japanischen Unternehmenskultur zu kennen und zu verstehen. Ihre Imitation sei dagegen weder notwendig, noch zielführend.

Die von der Fachliteratur angeführten Eigenheiten wurden bereits in Kapitel 4.1. beschrieben. Wie zu sehen war, kann man immer wieder vorkommende Stereotypen und Vereinfachungen festmachen, die sich scheinbar auch unter deutschen Expatriates in Japan durchgesetzt haben und auf diese Weise auch in der realen Wirtschaft am Leben gehalten werden (siehe dazu MOOSMÜLLER 2003: 210).

Solche Stereotypen werden nicht unbedingt nur negativ bewertet. BOLTEN (2007a: 55-56) sieht sie sogar durchaus positiv, da sie die erste Annäherung an etwas Fremdes ermöglichten. Da bei fremden Verhaltensmustern meist Erfahrungswerte fehlten, sei es natürlich und begrüßenswert auf Stereotypen zurückzugreifen. Diese seien laut BOLTEN nur etwas vorläufiges, und würden nach dem Ansammeln von ausreichenden Erfahrungswerten durch wirkliches, kulturspezifisches Wissen ersetzt werden. PREUSCHOFF (2003: 10) kritisiert dagegen, Interkulturalisten machten sich zu sehr an diesen Stereotypen und Gegensätzen fest, wodurch nicht stereotypkonformes Verhalten nicht beachtet werde. Auch KREITZ-SANDBERG (2003: 171-172) berichtet von Missverständnissen in deutsch-japanischen Interaktionen, die durch die zu starke Konzentration auf einen Stereotyp entstehen. Verhalten, das nicht mit dem durch den Stereotyp erwarteten Verhaltensmuster übereinstimmt, werde demnach oft missverstanden und könne nicht richtig interpretiert werden.

Laut YOSHIMURA und ANDERSON (1997: 33) könne es kein konsequentes Regelbuch über das Verhalten in der japanischen Kultur geben. Westler könnten jedoch durch Beobachten und Sozialisation ihr Feingefühl stärken. Japanisches Verhalten erscheine Ausländern zunächst noch unlogisch und unvorhersehbar, sie könnten aber lernen, den jeweiligen (status- und situationsabhängigen) Kontext zu erkennen. Mit hoher Japan-Kompetenz könnten auch Westler im sogenannten *kankyō seibi* teilnehmen. *Kankyō seibi*, also das „Formen der Umwelt", bedeutet nach YOSHIMURA und ANDERSON (1997: 182) „setting up the way people interpret the situation so that what you want done is the only thing that others can do to meet social expectations". Dieses Aufsetzen eines spezifischen Kontextes benötigt folglich nicht nur ein profanes Wissen über die japanische Managementkultur, es erfordert zudem ein tiefes Einfühlungsvermögen in die Denkweise der involvierten Personen, also ein äußerst hohes Level an interkultureller Kompetenz.

5.2. Interkulturelle Trainings

Interkulturelle Trainings sind ein viel genutztes Mittel zur Steigerung interkultureller Kompetenz. Wie im vorigen Kapitel zu sehen war, lassen sich Vorschläge der Fachliteratur zur Steigerung interkulturelle Kompetenz im Japangeschäft in zwei Kategorien teilen. Zum einen ist das theoretische, explizite Wissen über die Besonderheiten der jeweiligen Kultur zu nennen. Auf der anderen Seite scheint ein impliziteres Wissen von Nöten zu sein, das durch Erfahrung und Beobachtung in der jeweiligen Kultur entsteht. Dementsprechend lässt sich auch zwischen zwei verschiedenen Kategorien des interkulturellen Trainings unterscheiden: Das *off-the-job training* und das *on-the-job training* (BOLTEN 2007a: 89).

Das off-the-job Training findet meist vor einem Auslandsaufenthalt in Form von Seminaren und interaktiven Kursen statt und soll zukünftige Expatriates auf ihren Einsatz in kultureller Hinsicht vorbereiten. Den verschiedenen Ebenen der interkulturellen Kompetenz entsprechend, wird auch beim interkulturellen Training zwischen allgemein kultursensibilisierenden Trainings und kulturspezifischen Trainings entschieden (BOLTEN 2007a: 89).

    Kulturspezifische Trainings sind besonders für zukünftige Expatriates geeignet, die sich speziell auf ihre Zielkultur vorbereiten wollen. Außerdem wird es häufig für Manager vorgesehen, die im ständigen Geschäftskontakt mit bestimmten Ländern stehen. Da beim kulturspezifischen Training der Fokus auf Kulturunterschiede gelegt wird, besteht jedoch eine große Gefahr zur Stereotypisierung. Vor der Teilnahme an kulturspezifischen Trainings wird daher ein Grundwissen über Kultur unbedingt empfohlen (KNOLL 2006: 80-82). Allgemein kultursensibilisiernde Trainings seien daher vor allem für Personen mit geringer interkultureller Erfahrung geeignet. Es soll eine allgemeine Sensibilisierung gegenüber kulturellen Unterschieden erreicht werden, auf deren Basis daraufhin kulturspezifisches Wissen aufgebaut werden kann (KNOLL 2006: 79).

Bei der Durchführung interkultureller off-the-job Trainings unterscheidet KNOLL (2006: 79-80) außerdem zwischen *kognitiven* und *experimentellen* Trainings. Kognitive Trainings vermitteln die theoretischen Grundlagen und sind daher sehr akademisch und abstrakt. Experimentelle Trainings stützen sich dagegen unter anderem auf Rollenspiele und interaktiven Erfahrungsaustausch. Dadurch werden sie einprägsamer, seien laut KNOLL aber oft „out of scene", das heißt die Teilnehmer sähen Rollenspiele nur im Kontext des Trainings und könnten sie nicht auf die Realität übertragen.

Unter On-the-job Trainings versteht man eine intensive Betreuung der interkulturell agierenden Manager vor Ort. Während der Arbeit auftretende interkulturelle Probleme werden analysiert und nach deren Ursache geforscht (BOLTEN 2007a: 89). Diese Form des interkulturellen Trainings schätzt KNOLL (2006: 82) auf Grund ihres stark personalisierten und praxisorientierten Charakters als am effektivsten ein. Sie sei jedoch auch sehr betreuungs- und kostenintensiv, weshalb sie von Unternehmen oft nur in „Notfällen" eingesetzt werde (BOLTEN 2007b: 36).

Die Effektivität interkultureller Trainings wurde von SCHEIBLE erforscht. Nach seinen Beobachtungen zu urteilen, werden interkulturelle Trainings grundsätzlich als positiv beurteilt, die wirkliche Steigerung interkultureller Kompetenz sieht er jedoch als gering an (SCHEIBLE 2009: 77). So führt er an, die persönliche Weiterentwicklung hänge stark von der eigenen Motivation ab, zum Beispiel ob sich die Teilnehmer auch außerhalb der Kurse im interkulturellen Umfeld bewege (SCHEIBLE 2009: 78). In diesen Fällen regt er an, interkulturelle Kompetenz als effektive Karrierechance zu präsentieren, um die Motivation der Teilnehmer zu steigern (SCHEIBLE 2009: 79). Auch BOLTEN (2007b: 35) sieht viele interkulturelle Trainings kritisch. Seiner Meinung nach wird Interkulturalität in diesen Trainings lediglich thematisiert und nicht initiiert, dies erschaffe keine Handlungssicherheit.

Um diese Konzepte besser einschätzen zu können, soll ein weiteres theoretisches Modell zum interkulturellen Lernen vorgestellt werden (siehe Abb. 3):

Erweitern von interkultureller Kompetenz

Bewusstsein		Respekt		Verbindung
Erweitertes Bewusstsein der eigenen kulturellen Perspektive	→	Kulturelle Unterschiede respektieren	→	Unterschiede lösen, Integration, Adaption

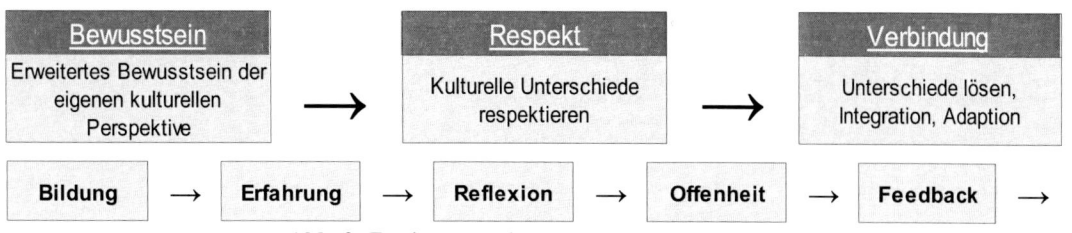

Bildung → Erfahrung → Reflexion → Offenheit → Feedback →

Abb. 3: Eweitern von interkultureller Kompetenz.
Quelle: BRISCOE et al. (2009: 81)

Dieses Modell von BRISCOE et al. (2009: 80-81) teilt das Erlangen von interkultureller Kompetenz in drei Grundstufen ein. Zunächst muss sich die entsprechende Person ihrer eigenen kulturellen Gebundenheit bewusst werden. Als Unterstützung dafür könnten erwähnte allgemein kultursensibilisierende Trainings dienen, die interkulturell unerfahrenen Menschen das nötige Grundwissen über Kultur und ihre Auswirkungen näher bringen sollen.

Um die nächste Stufe zu erreichen, benötigt es laut BRISCOE et al. interkulturelle Erfahrung. Durch deren Reflexion entwickele sich schließlich Respekt für kulturelle Unterschiede. Hier lässt sich der Ansatz der on-the-job Trainings wiederfinden. Diese könnten durch die ständig erzwungene Reflexion interkultureller Situationen einen wichtigen Beitrag zur Steigerung interkultureller Kompetenz leisten. Der nächste Schritt, die Offenheit gegenüber anderen Kulturen, lässt sich dagegen schwer durch Trainings unterstützen und scheint eine reine Charaktereigenschaft zu sein. Erst im letzten angeführten Stadium, dem „Feedback", das nach diesem Modell schließlich zur Integration in eine andere Kultur führe, ließe sich durch weiteres on-the-job Training eine Unterstützung herstellen. Inwiefern dies an jenem Punkt für Unternehmen aus Sicht von Kosten und Nutzen noch sinnvoll ist, scheint jedoch eine weitere Frage zu sein.

Das Modell bestätigt das in diesem Kapitel vorgestellte Grundkonzept der Fachliteratur für interkulturelle Trainings. Menschen mit wenig interkultureller Erfahrung sollen zunächst durch allgemeine Trainings gegenüber den Mechanismen der „Kultur" sensibilisiert werden. Somit soll auch ein Bewusstsein über das eigene kulturbasierte Handeln geschaffen werden. Vor, beziehungsweise während dem Kontakt mit spezifischen Kulturen bieten sich nach Meinung der meisten Autoren kulturspezifische Trainings an, die die Handlungsmechanismen der jeweiligen Kulturen erklären sollen, und so zum erweiterten Respekt gegenüber derlei kulturelle Unterschiede beitragen sollen. Daraufhin können on-the-job Trainings eine wichtige Unterstützung zur Reflexion interkultureller Interaktionen darstellen und verhindern, dass interkulturelle Situationen falsch interpretiert werden, und so zu Frustration führen.

Interkulturelle Trainings scheinen laut Fachliteratur zusammenfassend also ein wirksames Mittel zur Steigerung interkultureller Kompetenz zu sein, solange die Motivation der Teilnehmer gegeben ist. Ist dies nicht der Fall, würden gerade off-the-job Trainings als realitätsfern wahrgenommen. Aus diesem Grund regt SCHEIBLE (2009: 80) an, die persönliche Reflexion in interkulturellen Trainings zu verstärken. On-the-job Trainings haben einen automatischen Praxisbezug und scheinen daher deutlich bessere Erfolgsaussichten mit sich zu bringen. Da sie jedoch wesentlich mehr Aufwand erfordern, ist nicht zu erwarten, dass Unternehmen diese Variante künftig verstärkt einsetzen werden.

5.3 Aktueller Zustand in deutschen Unternehmen

Über die aktuelle Situation in deutschen Niederlassungen in Japan lässt sich in der Fachliteratur noch wenig finden. Dies mag einerseits an der Neuartigkeit des Konzeptes an sich liegen, andererseits auch sicher an seiner ungeklärten Definition, die es schwierig macht, das Ausmaß interkultureller Kompetenz einer Institution zu erfassen. Analysen interkultureller Kompetenz beziehen sich daher größtenteils auf die handelnden Manager persönlich und versuchen deren interkulturelle Kompetenz anhand der Betrachtung interkultureller Konflikte zu bewerten.

Ein weiteres Kriterium scheint die Betrachtung der Vorbereitung zukünftiger Expatriates zu sein. HEIDER (2007: 27) hält diese beispielsweise für unzureichend. In vielen Fällen achteten deutsche Unternehmen nicht auf interkulturelle Fähigkeiten, sondern einzig auf Management- und Fachkenntnisse. Zur Vorbereitung diene meist nur ein einwöchiger Crashkurs, im Idealfall werde ein Japanischkurs zur Verfügung gestellt. In vielen Fällen sei jedoch auch überhaupt keine interkulturelle Vorbereitung vorgesehen.

Lediglich MESSING (2003: 128-153) versucht durch empirische Studien ein Bild der interkulturellen Kompetenz in deutschen Unternehmen zu erschaffen. Zu diesem Zweck führte MESSING Interviews in fünf verschiedenen Niederlassungen deutscher Unternehmen in Japan durch (von hier an Unternehmen A bis E genannt). Befragt wurden sowohl deutsche, wie auch japanische Mitarbeiter.

Von Unternehmen A zeichnet MESSING (2003: 128) ein positives Bild. Er scheint den Eindruck zu haben, das Unternehmen habe die Relevanz interkultureller Kompetenz klar erkannt und unternehme auch ausreichende Maßnahmen bezüglich der Förderung seiner Mitarbeiter. Unternehmen B hingegen unterstellt MESSING (2003: 135-136) einen deutlichen Mangel an interkultureller Kompetenz. Die japanischen Mitarbeiter nähmen ihre deutschen Vorgesetzten als launig und überheblich wahr, was zu einem spürbar schlechten Arbeitsklima führe. Als Erklärung führt MESSING die „globale Strategie" des Unternehmens an. Durch strenge Vorgaben des Mutterkonzerns sei eine notwendige Anpassung an die einzelnen Länder nicht ausreichend möglich. Der Zustand in den Unternehmen C und E lässt sich laut MESSING (2003: 142, 153) als gemischt beschreiben. In diesen Unternehmen gäbe es anscheinend sowohl Manager mit hoher interkultureller Kompetenz, als auch negativere Beispiele. Unternehmen D gäbe zumindest an, dass interkulturelle Kompetenz bei der Anstellung sehr wichtig sei, genauere Angaben über den aktuellen Zustand gibt MESSING (2003: 145) bei der Auswertung der Interviews jedoch nicht.

Als Fazit seiner empirischen Studien schreibt MESSING (2003: 157), dass interkulturelle Kompetenz scheinbar einen großen Einfluss auf das Arbeitsklima und die allgemeine Zufriedenheit am Arbeitsplatz habe. Lediglich Unternehmen A scheint dies verstanden zu haben und ist versucht, die interkulturelle Kompetenz seiner Mitarbeiter aktiv zu fördern. Bei den anderen untersuchten Unternehmen lässt sich schlussfolgern, dass eine Vernachlässigung interkultureller Kompetenz zu unterschiedlichen Ergebnissen führen kann, die stark von der individuellen interkulturellen Kompetenz der beschäftigten Managern abzuhängen scheint. Um ein deutlicheres Bild über die interkulturelle Kompetenz in deutschen Unternehmen in Japan zu erhalten, und um ihre Fördermaßen bezüglich der interkulturellen Kompetenz ihrer Mitarbeiter bewerten zu können, benötigt es jedoch wohl noch weitere, ausführlicherer Forschung.

6. Fazit

Der Begriff „interkulturelle Kompetenz" scheint zumindest im deutschen Sprachraum noch sehr umstritten zu sein. Durch die zunehmende Internationalisierung des Geschäftslebens und den damit ebenfalls zunehmenden interkulturellen Situationen, denen sich international handelnde Manager stellen müssen, ist es jedoch ein Konzept, mit dem sich Unternehmen auf eine Weise auseinandersetzen müssen.

Kapitel 2 stellte einen Abriss der Diskussion um den Begriff „interkulturelle Kompetenz" dar. Die bislang ungeklärten Kernfragen scheinen zu sein: Was ist „interkulturelle Kompetenz" überhaupt und wozu wird sie benötigt? Gibt es eine allgemeine, nicht kulturgebundene Handlungskompetenz? Welche Eigenschaften werden dafür benötigt und müssen gefördert werden?

Das von BOLTEN vorgestellte Modell der interkulturellen Kompetenz als Transferleistungskompetenz scheint im Begriff zu sein, sich im Bereich der interkulturellen Kommunikationsforschung durchzusetzen. Sollte dies der Fall sein, dürften auch die Anforderungen für den Erwerb interkultureller Kompetenz in Zukunft klarer werden, und es dürfte auch für Unternehmen einfacher werden, sich mit dem Thema interkulturelle Kompetenz effektiver auseinanderzusetzen.

Wie in Kapitel 2.2 dargestellt wurde, können Unternehmen nämlich durch verstärkt interkulturell kompetente Mitarbeiter laut Fachliteratur einen deutlichen Wettbewerbsvorteil erzielen. In einer zunehmend globalisierteren (Wirtschafts-)Welt sei eine kulturell vielfältige und interkulturell kompetente Belegschaft unabdingbar. Gerade im Fall Japans seien die Folgen mangelnder interkultureller Kompetenz verheerend, wie in Kapitel 2.3 rezitiert wurde.

In das Modell von BOLTEN ließen sich auch die Begriffe „allgemeine" und „kulturspezifische" interkulturelle Kompetenz eingliedern und von einander abtrennen. Allgemeine interkulturelle Kompetenz befähigt Menschen demnach, ihre individuellen Handlungskompetenzen in einen interkulturellen Rahmen zu transferieren. Kulturspezifische Kompetenz entsteht dagegen durch Wissen und Erfahrung über eine spezifische Kultur.

Bevor in dieser Arbeit auf das konkrete Beispiel einer solchen spezifischen Kultur eingegangen wurde, zeigte Kapitel 3, dass selbst der Kulturbegriff im aktuellen Diskurs nicht eindeutig geklärt war. Zusammenfassend lassen sich innerhalb der Diskussion zwei wichtige richtungsweisende Hauptfragen ausmachen: Ist Kultur statisch oder dynamisch? Geht man von räumlich abgetrennten Kulturräumen aus oder werden wir von verschiedenen, lebensweltlich orientierten „Kulturen" beeinflusst?

Der aktuelle Diskurs scheint sich in Richtung eines dynamischen, lebensweltlich orientierten Kulturverständnis zu entwickeln. In Bezug auf den Begriff „interkulturelle Kompetenz" wird anscheinend dennoch weitestgehend in Einheiten von Landeskulturen gedacht. Bei einem Kulturverständnis, das von mehreren, auf einzelnen Lebenswelten basierenden Kultureinflüssen ausgeht, scheint diese Eingrenzung zunächst ungeeignet. Da Landeskulturunterschiede bei interkulturellen Aktionen von Menschen jedoch vermutlich am stärksten wahrgenommen werden, scheint diese Einteilung aber sinnvoll. Des Weiteren liegt das Ziel interkultureller Kompetenz zumeist im Bewältigen von Situationen, in denen verschiedene Landeskulturen aufeinandertreffen. Die Einteilung in Landeskulturen ist daher sicher nicht ideal, aber, wie auch HOFSTEDE (2001: 73) zu bedenken gibt, sind es zur Zeit die sinnvollsten Einheiten, die zu bilden möglich sind. Es sollte jedoch immer beachtet werden, dass Menschen nur von ihren Landeskulturen beeinflusst werden, und sie nicht zwangsläufig übernehmen. Es könnten so leicht Missverständnisse durch zu starke Stereotypisierung entstehen, etwa in der Interaktion mit einem nicht stereotyp-konformen Partner aus einem anderen kulturellen Umfeld (KREITZ-SANDBERG 2003: 171-172).

Dies lässt sich auch am Beispiel der japanischen Unternehmenskultur feststellen. Wie in Kapitel 3.3 festgestellt wurde, herrscht zunächst eine zu starke Vermischung von Landes- und Unternehmenskultur. Kapitel 4 beschäftigte sich dann mit einigen typischen Stereotypisierungen der japanischen Unternehmenskultur. Es war zu sehen, dass es auch in der Darstellung der japanischen Unternehmenskultur widersprüchliche Ansichten und Analysen gibt. Der Vergleich mit den Forschungen Geert Hofstedes widersprach einigen dieser Thesen, bestätigte aber teilweise auch gewisse Tendenzen, beziehungsweise gab neue Erklärungsansätze für beobachtete Eigenheiten der japanischen Unternehmenskultur.

In Kapitel 5 wurde schließlich die kulturspezifische Japan-Kompetenz behandelt. Es wurden sowohl theoretische Modelle zum Erlangen einer kulturspezifischen interkulturellen Kompetenz vorgestellt, als auch die konkreten Vorschläge der Fachautoren aufgelistet. Zusammenfassend lässt sich sagen, dass eine kulturspezifische Kompetenz besonders durch Erfahrung und Reflexion entsteht, was individualistische Charaktereigenschaften wie Offenheit gegenüber anderen Kulturen erfordert.

Interkulturelle Trainingsprogramme können diesen Lernprozess unterstützen, scheinen aber immer auf die Bereitschaft des Teilnehmers bauen zu müssen.

So scheinen allgemein kultursensibilisierende off-the-job Trainings durchaus einen Anstoß geben zu können, sich mit den Eigenheiten anderer Kulturen und der eigenen Kulturgebundenheit auseinanderzusetzen, kulturspezifische Trainings könnten dann auf spezielle Kulturen oder Kulturräume vorbereiten. Die effektivste Form des Trainings ist jedoch das on-the-job Training, das aus Kosten- und Aufwandsgründen nur selten eingesetzt wird. Wie Kapitel 5.3 aber auch gezeigt hat, scheinen Unternehmen trotz allem einen gewissen Einfluss auf die interkulturelle Kompetenz ihrer Mitarbeiter und den damit verbundenen Arbeitsklima in ausländischen Niederlassungen ausüben zu können. Wie dies konkret auszusehen hat, scheint noch nicht ausreichend erforscht zu sein.

Zusammenfassend lässt sich sagen, dass die Herangehensweise an eine fremde Kultur im Rahmen der interkulturellen Kommunikationsforschung immer problematisch scheint, wie in dieser Arbeit am Beispiel Japans gezeigt werden sollte. Zum einen müssen Tendenzen und Eigenheiten einer anderen Kultur, die sicher auf irgendeiner Weise zu existieren scheinen, behandelt werden, zum anderen ist die Gefahr der Stereotypisierung groß.

Für die Zukunft scheint also ein klares Bild der japanischen Unternehmenskultur wünschenswert. Dazu benötigt es wohl umfassendere Studien und empirische Forschungen, als zur Zeit vorhanden zu sein scheint. Die Forschungsergebnisse Hofstedes könnten möglicherweise auf Grund ihrer breiten Datenlage einen Anfang bieten, sollten aber keinesfalls unkritisch übernommen werden. Zudem sollte die Betrachtung einer fremden Unternehmenskultur immer vergleichend vorgenommen werden, da es in der interkulturellen Kommunikationsforschung nicht um feste Tatsachen, sondern um Tendenzen einer Kultur gegenüber einer anderen zu gehen scheint. Zuletzt ist die Verknüpfung der sogenannten „Interkulturalisten" mit anderen Fachbereichen zur Zeit als ungenügend zu bewerten. LATORRE (2004: 30) führte hierzu bereits die Anthropologie, sowie die Kultur- und Kommunikationswissenschaften auf, im Falle der japanischen Unternehmskultur lässt sich die Japanologie zu dieser Liste sicher hinzufügen.

7. Quellenverzeichnis

ADLER, Nancy J. / Allison GUNDERSEN (2008): *International dimensions of organizational behavior.* Mason: Thomson South-Western.

ARETZ, Hans-Jürgen / Katrin HANSEN (2003): *Erfolgreiches Management von Diversity. Die multikulturelle Organisation als Strategie zur Verbesserung einer nachhaltigen Wettbewerbsfähigkeit.* In: *Zeitschrift für Personalforschung* 1, 17, S.9-30.

BOLTEN, Jürgen (2007a): *Interkulturelle Kompetenz.* Erfurt: Landeszentrale für politische Bildung.

BOLTEN, Jürgen (2007b): *Was heißt „Interkulturelle Kompetenz?" Perspektiven für die internationale Personalentwicklung.* In: BERNINGHAUSEN, Jutta / KUENZER, Vera: *Wirtschaft als interkulturelle Herausforderung. Business across cultures.* Frankfurt a.M.: IKO-Verlag, 21-42.

BRISCOE, Dennis R. / Randall S. SCHULER/ Lisbeth CLAUS (2009): *International Human Ressource Management.* New York: Routledge, S. 75-95.

DIRSCHERL, Klaus (2004): *Der dritte Raum als Konzept der interkulturellen Kommunikation. Theorie und Vorschläge für die Praxis.* In: BOLTEN, Jürgen (Hrsg.): *Interkulturelles Handeln in der Wirtschaft. Positionen, Modelle, Perspektiven, Projekte.* Sternfeld: Wissenschaft & Praxis.

EUBEL-KASPER, Karla / Andreas BÄUERLE (2003): *Konzepte der Robert Bosch GmbH zur Nutzung der Japankenntnisse rückkehrender Expatriates.* In: DOROW, Wolfgang / Horst GROENEWALD (Hg.): *Personalwirtschaftlicher Wandel in Japan.* Wiesbaden: Gabler, S. 555-570.

FOHR, Martina (2007): *Bedeutung und Auswirkungen der interkulturellen Kommunikationskompetenz im deutsch-japanischen Kontext.* In: ANTONI, Klaus / Elisabeth SCHERER (Hrsg.): *Die subtile Sprache der Kultur. Interkulturelle Kommunikation im Bereich deutsch-japanischer Firmenkooperationen.* Berlin: Lit Verlag. S.49-86.

GERMER, Andrea (2004): *Zur (De-)Konstruktion von sozialen Gruppen und kollektiven Identitäten in Japan. Eine Hinleitung.* In: GERMER, Andrea / Andreas MOERKE: *Grenzgänge – (De-)Konstruktion kollektiver Identitäten in Japan.* München: iudicum. S.11-24.

GROESCHKE, Daniela (2007): *Kulturelle Unterschiede im Selbstkonzept: Ein Differenzierungsschema.* In: *Interculture Journal* 5, 6. S. 39-69

HAAK, René / Ulrike Maria HAAK (2006): *Arbeitswelten in Japan: Werte im Wandel, Strukturen im Umbruch. Eine Einführung.* In: HAAK, René (Hrsg.): *Jahrbuch des Deutschen Instituts für Japanstudien. Arbeitswelten im Umbruch.* S. 15-26

HAAS, Helene (2007): *Probleme der kulturvergleichenden Umfrageforschung.* In: *Interculture Journal* 5, 6 (S.3-20).

HEIDER, Christoph (2007): *Arbeiten in einem deutsch-japanischen Umfeld.* In: ANTONI, Klaus / Elisabeth SCHERER (Hrsg.): *Die subtile Sprache der Kultur. Interkulturelle Kommunikation im Bereich deutsch-japanischer Firmenkooperationen.* Berlin: Lit Verlag. S.25-40.

HOFSTEDE, Geert (2001): *Culture's Consequences. Comparing Values, Behaviors, Institutions, and Organizations Across Nations.* Thousand Oaks: Sage Publications.

KEELEY, Timothy Dean (2001): *International Human Ressource Management in Japanese Firms. Their Greatest Challenge.* Houndsmill: Palgrave.

KNOLL, Yvonne (2006): *Currently Offered Intercultural Training in Germany and Great Britain.* In: *Interculture Journal 1*, 5 S.77-102

KREITZ-SANDBERG, Susanne (2003): *Mißverstehen – reflektieren – unterscheiden – erkennen: Zur Entwicklung interkultureller Kompetenz in der japanologischen Lehre.* In: DUCKE, Isa / Harald DOLLES (Hrsg.): *Japanstudien 15: Mißverständnisse in der Begegnung mit Japan.* München: Iudicum Verlag. S.153-197.

LATORRE, Patricia (2004): *Was heißt hier eigentlich „Kultur"? Anthropologische Fragen an die interkulturelle Kommunikationsforschung.* In: BOLTEN, Jürgen (Hrsg.): *Interkulturelles Handeln in der Wirtschaft. Positionen, Modelle, Perspektiven, Modelle.* Sternenfels: Wissenschaft & Praxis. S.25-39.

MESSING, Olaf (2003): *Interkulturelle Kompetenz und Personalmanagement in Tochtergesellschaften deutscher Unternehmen in Japan.* Hamburg: Dr. Kovač.

MOOSMÜLLER, Alois (2000a): *Arbeitsroutinen und Globalisierung. Alltagskonflikte in ausländischen Unternehmen in Japan.* In: GÖTZ, Irene / Andreas WITTEL (Hrsg.): *Arbeitskulturen im Umbruch. Zur Ethnographie von Arbeit und Organisation.* Münster: Waxmann. S. 89-106.

MOOSMÜLLER, Alois (2000b): *Die Schwierigkeit mit dem Kulturbegriff in der Interkulturellen Kommunikation.* In: ALSHEIMER, Rainer / Alois MOOSMÜLLER / Klaus ROTH (Hg.): *Lokale Kulturen in einer globalisierenden Welt.* Münster: Waxmann, S. 15-31.

MOOSMÜLLER, Alois (2003): *Expatriates in Japan: Die interkulturelle Herausforderung.* In: DOROW, Wolfgang / GROENEWALD, Horst (Hg.): *Personalwirtschaftlicher Wandel in Japan.* Wiesbaden: Gabler, S.201-222.

NIESEN, Anne (2007): *Arbeit in internationalen Projektteams: Typische Probleme und Wege zu ihrer Lösung.* In: ANTONI, Klaus / Elisabeth SCHERER (Hrsg.): *Die subtile Sprache der Kultur. Interkulturelle Kommunikation im Bereich deutsch-japanischer Firmenkooperationen.* Berlin: Lit Verlag. S.41-48.

PREUSCHOFF, Susanne (2003): *Interkulturelle Kompetenztrainings – Was kommt nach 20 Jahren Hofstede?* In: *Journal Hochschuldidaktik* 14, 1. S.10-13.

RATHJE, Stephanie (2006): *Interkulturelle Kompetenz – Zustand und Zukunft eines umstrittenen Konzepts.* In: *Zeitschrift für interkulturellen Fremdsprachenunterricht* 11, 3. http://www2.uni-jena.de/philosophie/iwk/publikationen/interkulturelle_kompetenz_rathje.pdf (8.8.2010)

ROTHLAUF, Jürgen (1999): *Interkulturelles Management.* München: Oldenbourg.

SCHEIBLE, Daniel H. (2009): *Interkulturelles Training für internationale Führungskräfte – Evaluation eines Trainingsprogramms bei einem Industrieunternehmen mit Stammsitz in Deutschland.* In: *Interculture Journal 9*, 8 (71-81).

VOLLMER, Klaus (2003): *Mißverständnis und Methode: Zur Rezeption der Japandiskurse.* In: DUCKE, Isa / Harald DOLLES (Hrsg.): *Japanstudien 15: Mißverständnisse in der Begegnung mit Japan.* München: Iudicum Verlag. S.37-68.

WOLF, Manuela (2007): *Verhandlungsstrategien gegenüber japanischen Geschäftspartnern. Westliche und japanische Sichtweisen.* München: Japan-Zentrum der Ludwig-Maximilians-Universität.

YOSHIMURA, Noboru / Philip ANDERSON (1997): *Inside the Kaisha.* Boston: Harvard Business School Press.

8. Liste japanischsprachiger Fremdwörter

amae	甘え	Wunsch nach Geborgenheit
bu	部	Abteilung innerhalb einer Firma
gaishikei kigyō	外資系企業	Ausländische Firmen in Japan
haji	恥	Scham, Verlegenheit
honne	本音	Die „wahren Gefühle" (im Gegensatz zu *tatemae*)
kaisha	会社	Firma
kaizen	改善	Konzept der „kontinuierlichen Verbesserung"
nemawashi	根回し	Informelle Gespräche vor Entscheidungsfindungen
nihonjinron	日本人論	Der „Japanerdiskurs", Literaturgenre mit Bezügen auf die japanische Kultur
soto	外	Außen, hier: Out-group
tatemae	建前	Fassade, Auftreten nach Außen
uchi	内	Innen, hier: In-group
wa	和	Harmonie, Frieden